透明商业

数字时代成功之路 _{第2版}

卜安洵 何 伟 ◎ 著

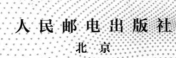

人民邮电出版社

北 京

图书在版编目（CIP）数据

透明商业：数字时代成功之路 / 卜安洵，何伟著
. -- 2版. -- 北京：人民邮电出版社，2024.1
ISBN 978-7-115-62912-8

Ⅰ．①透… Ⅱ．①卜… ②何… Ⅲ．①企业经营管理
Ⅳ．①F272.3

中国国家版本馆CIP数据核字(2023)第192592号

内 容 提 要

透明商业，是指在全面实现数字化转型和应用的基础上以人为本的商业场景。本书首先通过深入分析影响社会经济发展的信息不对称、能力不对称和观念不对称的现象，提出利用数字技术使身份、行为、状态和价值实现"透"+"明"，达到可信化；之后着重介绍透明商业的多个典型场景，为读者详细介绍更具体的概念分析和实践策略。可以说，本书是一份面向未来商业的解决方案。

本书适合企业决策者和管理者，以及市场营销人员与创业者阅读使用。

◆ 著　　　　卜安洵　何　伟
　　责任编辑　张天怡
　　责任印制　陈　犇
◆ 人民邮电出版社出版发行　　北京市丰台区成寿寺路 11 号
　　邮编　100164　电子邮件　315@ptpress.com.cn
　　网址　https://www.ptpress.com.cn
　　三河市中晟雅豪印务有限公司印刷
◆ 开本：720×960　1/16
　　印张：17　　　　　　　　　2024 年 1 月第 2 版
　　字数：268 千字　　　　　　2024 年 1 月河北第 1 次印刷

定价：59.80 元
读者服务热线：(010)81055410　印装质量热线：(010)81055316
反盗版热线：(010)81055315
广告经营许可证：京东市监广登字 20170147 号

推荐序

数智时代推进商业文明进步的有益探索

——在透明商业全球生态大会上的致辞

中共江苏省委统战部常务副部长顾万峰

尊敬的各位领导、嘉宾，各位专家、同志们：

大家好！

今天，"2023 透明商业全球生态大会暨首届全国'透明工厂'创新论坛"在这里隆重举办。首先，我对大会的召开表示热烈祝贺！对长期以来关心支持江苏工商业发展的各位同志表示衷心的感谢！

发展数字经济是把握新一轮科技革命和产业变革新机遇的战略选择。党的十八大以来，党中央高度重视网络强国、数字中国建设。习近平总书记深刻指出："加快数字中国建设，就是要适应我国发展新的历史方位，全面贯彻新发展理念，以信息化培育新动能，用新动能推动新发展，以新发展创造新辉煌。"近年来，江苏省委省政府采取切实有力措施，推动数字经济快速发展，江苏省数字经济规模逐年攀升，物联网、大数据、云计算、人工智能、区块链等数字技术加速创新，数字经济已成为重组要素资源、重塑经济结构、改变竞争格局的关键力量。

正因为上述重要性，我非常高兴受邀参加今天的大会。除此之外，还有一个值得高兴的具体原因，就是为卜安洵会长的研究成果感到高兴。作为透明商业第一人，卜会长近年来致力于数字化转型的研究，特别是开创性地提出透明商业的概念，探索性地阐述了透明商业的底层逻辑、技术系统和规则体系，对经济组织的进步和商业市场的进化作出了积极贡献，难能可贵，可喜可贺。

透明商业是个新生事物，我还未深读卜安洵先生和何伟女士的著作，这里粗浅地谈一点我对相关问题的理解，供大家批评指正：

一、透明商业可以为供给侧结构性改革提供助力。我曾经思考什么是商业的本质。有的说，商业的本质是满足需求，也有的说商业的本质是创造价值，还有的说商业的本质是发现和创造顾客。综合这三方面，我可以理解为：商业是通过创造有价值的商品（包含服务），来发现或创造顾客，以满足其需求。从这个意义上说，自有商品交换以来，商业业态发生了巨大变化，而商业的本质并未改变。供给侧结构性改革旨在调整经济结构，使要素实现最优配置，提升经济增长的质量和数量。供给侧结构性改革的核心是：扩大有效供给，提高供给结构对需求变化的适应性和灵活性，有时甚至是引领性。而要实现这一点，极度依赖供给侧和需求侧的信息对称，透明商业为此提供了理念和方法。

二、透明商业可以为商业诚信提供他律。古往今来，货真价实一直是商业文明的追求，遗憾的是迄今也未能完全实现，是以诚信经营会当作美德而被传颂。有个成语叫"端木遗风"，现在比较生僻了，是指孔子的弟子子贡遗留下来的诚信经商的风气。司马迁在《史记·货殖列传》中以相当的笔墨对子贡这位商业巨子予以表彰，肯定他在经济发展上所起的作用和仁义、诚信上的修为。因为子贡复姓端木，所以这种诚信经商的作风被称为"端木遗风"。然而实践证明，商业诚信仅靠自律是不够的，不是人人都可以成为子贡。假如每件商品、每项服务都可以做到全链条透明，都可追溯，则货真价实可以成为常态，商业诚信应该是基本准则而非高线要求，透明商业所阐述的技术路径为此提供了可靠的他律。

三、透明商业可以为商业各领域精准决策提供支撑。决策的精准性、科学性历来是管理者的一个难题，这是由人的认知局限导致的。管理者应该透彻地了解一句话，叫作"说有易，说无难"。举个例子：你说长江里有白鳍豚，看到一次就可以说有，但是你说长江里没有白鳍豚了，这很难，因为你必须穷尽所有长江水体而没有发现白鳍豚，才能作此判断，这几乎是不可能完成的任务。我在这句话的基础上又提出了另一句话，叫作"说有易，说有多少难"，道理是一样的。这就是信息不完整、信息不对称，从而导致了决策难，精准决策更难。透明商业，正是应数智时代而生，大数据云计算技术的广泛应用为商业各领域精准决策提供了技术支撑。随着数智的演进，我们终于有可能说"说有易，说无也不难""说有易，说有多少也不难"。

四、透明商业可以为社会公平提供促进力。依靠信息不对称来赚取利润的案例在传统商业中司空见惯；在金融市场的发展进程中，利用内幕消息大发横财的人也有所闻。这其中，有些人仅靠掌控信息，几乎没有其他付出，就能获取高额利益。这种现象带有垄断性质，反映出社会不公。透明商业则可以为社会公众共同拥有信息资源创造条件，从而成为促进社会公平的积极力量。

当然，透明商业带来的远不止我思考的这4点，而数字化时代带来的也远不止是透明商业。数字化时代令企业与市场、工作与生活，商品与社会之间完全打通。传统的竞争范式，如企业竞争、产业竞争、供应链竞争，已然迈进数字生态共生协作。透明商业概念的提出和推进实施，不仅有利于供应链的协作、有利于服务链的协同，更有利于消费链的协和，对保护消费者权益、促进诚信经营、实施反垄断、促进生态经济、助力双循环等，都有着独特的作用和重要的意义。本次大会以"透明质造、可信消费"为主题，举办系列论坛，发布透明商业理念、方法和实践标杆，成立透明商业标准化委员会，对研讨和传播透明商业新理念、新模式，交流和推广透明工厂新做法、新经验，必将发挥重要的作用。

构建透明商业全球生态、推进透明工厂建设，必须坚持以习近平新时代中国特色社会主义思想为指导，紧紧围绕高质量发展这个首要任务和构建新发展格局这个战略任务，牢牢抓住数字化变革重要机遇，大力推动数字经济和实体经济融合发展，加快透明商业理论创新、透明商业产业生态链构建、透明工厂建设实践，促进数据、人才、技术、资本等要素资源优化配置，集聚更多创新型企业和专业化人才，不断推动透明商业在更高层级、更广范围广泛创新发展。

本次大会安排紧凑、内容精彩，社会各界关注度广、参与人数多，与会专家、企业家规格高、权威性强。我相信，在大家的共同努力下，大会一定能取得圆满成功！

最后，我想借用卜安洵先生在《透明商业》序一中的一句话结束致辞，那就是：商业，因透明而可信，因可信而美好！

祝各位领导、嘉宾工作顺利、收获满满！

谢谢大家！

再版序

时隔一年,《透明商业》再版。这一年中,"透明商业"生机勃勃,喜事不断。

今年 6 月 3 日,在合肥举办的长三角企业家联盟产业数字化峰会上,正式成立了"长三角透明商业生态产业链联盟",这是全国首家以透明商业为主题的产业联盟,江苏省工商联党组书记刘军等三省一市工商联主要领导为联盟成立揭牌。

紧接着的 6 月 8 号,在苏州相城,首届透明商业全球生态大会正式召开。包括政府领导、企业家、专家学者在内 300 多名嘉宾与会。中共江苏省委统战部常务副部长顾万峰出席大会并热情致词,会上发布了《透明工厂》白皮书,菲尼克斯、养乐多、汤臣倍健等中外名企展示分享了他们的透明制造创新实践,几十家企业领导共同签署"透明公约",引领示范"透明行动"。

8 月份,大任智库在北京组织了"透明工厂评价通则"专家研讨会,南京市企业数字化转型研究会组织了《透明工厂》团体标准的起草并按规范公开征集修订意见,相信这一标准不久将正式出台,并成为指导透明制造、认证透明工厂的行业性规范文件。

9 月份,大任智库与笔记侠联合推出"全国透明品牌榜单"征集评先活动,这一征集实现了根据透明指数设计而设置在线自助申报和在线评分的方式。不久之后,在线公开的透明品牌指数即可面世。

令人高兴的是，很多认同透明理念的开发者和创业者快速响应，加入了透明共创行动。南钢鑫智链加入透明共创，升级了基于区块链底座的"透明招采"平台；中新赛克与和弦云稻等加入透明共创，研发出"透明绩效"平台；苏美达集团与路特数科等加入透明共创，研发出"透明数转"平台。由此，透明商业不再仅是理论和方法，更有了越来越多的工具和平台。

今天，有的合作高校正在筹备设立"透明商业研究中心"，一些产业园区，正在规划设立"透明商业创新中心"。透明商业的研究和实践可分为三大领域。

一是透明制造。从智能制造、互联制造到透明制造，是数字化赋能制造业的持续升级。透明制造主要场景有"透明供应链"和"透明工厂"。"透明供应链"是基于数智化平台，实现供应链各方数据上云上链、充分共享、透明协作。"透明工厂"是基于数智化制造系统，实现制造全过程无缝链接、在线监造和远程质检。

二是透明服务。透明服务是基于数智技术实现供需双方的信息穿透，实现服务全过程的透明化和可信化。在生产性服务业，主要场景有透明招采、透明研发、透明物流、透明维保、透明安防等；在生活性服务业，主要场景有透明社区、透明装修、透明家政、透明理财、透明养老等。

三是透明消费。透明消费是基于数智化系统，面向消费者提供成分、质量、规格、性能以及合规性、安全性等完整、可信数据，让消费者放心购买、安心使用的消费市场形态。透明消费具体场景有透明购物、透明餐饮、透明文旅等。多年来政府反复倡导商户诚信经营，但商业欺诈不绝；持续鼓励消费者维权，但事后维权效率低代价大。与此不同，透明消费是从底层依托数智技术，在基本模式和根本机制上保障了商业诚信和消费权益。

　　一本书能带给读者的价值有限。但我真诚希望，透明商业是一种理念，是一种信仰，更是一种创新实践。内卷不如突围，守望不如破局。在市场提振乏力、产业转型加剧的今天，透明商业也许正是一道曙光，期待更多的志同道合者迎光而行，再起征程！

卜安洵

2023 年 11 月 18 日于南京

第一版序

2021 年 1 月 6 日，场景实验室《哈佛商业评论》中文版联合主办了"甦·新商业盛典 2021"，我在该盛典的演讲中首次分享了透明商业的系统思考。之后与场景实验室创始人吴声多次见面，他都会催问我透明商业的研究进展。一次吴声先生甚至直言不讳："我看你还在到处分享数字经济，你应该全部围绕透明商业展开，你就是'透明商业第一人'。"

在 2022 年 1 月"融数字·创经济 2022 长三角数字经济发展大会"，同年 3 月"上海财经大学 EMBA 20 年论坛"，以及其他多次演讲中，我均以"透明商业：数智时代的新使命"为主题，反响不错。此后《管理世界》期刊于同年 4 月推出"透明工厂"专题，发表我和研究伙伴陈红、王甲佳的相关文章。场景实验室《LAUNCH 首发》基于我的相关文稿先后组织 4 篇《透明商业——新物种成长方案》的文章，形成研究专题。我的研究方向进一步坚定和清晰了，正如凤凰网《仕说新语》对我的专访标题那样——将透明进行到底。

透明商业的研究之路吾道不孤。事实上，我们核心研究团队的成员已经超过 10 位。本书的另一位作者何伟老师就是其中的佼佼者，她是数字化领域的专家，提出的"透明人才"概念意在实现人才能力图谱与任务订单通过数字化形成透明匹配。由于理性与感性兼备，何伟老师和她的课程迅速达到了"网红"级。其他研究者也在各自的领域里深耕，陈红老师和王甲佳老师专注于"透明制造"，张俊老师研究"透明团队"，解奉波老师研究"透明学习"，陈磊老师研究"透明品牌"，刘桂群老师研究"透明绩效"，许善全老师研究"透明营销"。他们和其他多位老师都参与了本书部分章节的撰写。本书是我们共同创作的成果。

瑞·达利欧（又译为雷·戴利奥）在《原则》一书中提出"绝对真实，完全透明"的观点，这是一种理想，但无论做企业还是做人，总得怀有这样的理想。我个人的理想就是：尽可能为经济组织的进步、为商业市场的进化作一点贡献。这一点贡献以我对数字化下半场的理解，就是促进市场更多的透明，更好的互信。

透明和互信，或者说因透明而互信，将是未来市场最美好的理念。恰恰数字技术和数字文明可以促成这种美好的发生或实现。只不过，当下的企业和商业囿于传统的运营经验和商业模式，仍未真正理解数智时代的无限可能。

为此，我和团队将致力于这方面的研究，也呼吁更多有识、有志之士加入。我们要进一步探究透明商业的底层逻辑、技术系统和规则体系，发现更多的应用场景和最佳实践，推进更广泛的企业变革和市场创新。

理论是灰色的，而生命之树常青。透明商业不属于任何一个人的思想，也不限于任何一个企业的模式，它是新商业文明的集体自觉，是数智时代创业者、消费者、投资者和监管者的共同使命。

本书的出版，要感谢人民邮电出版社的赵轩老师，他在编辑过程中付出了很多。中共江苏省委财经委员会办公室专职副主任丁荣余先生对本人提出的透明商业的理念和方法给予了很有价值的指导。菲尼克斯（中国）投资有限公司总裁顾建党先生是在产业界最早响应和共研透明商业的企业家之一。还有很多专家和企业家，都对本人的透明商业研究给予了热情关注和有益建议，感谢他们。最后再次感谢场景实验室创始人吴声先生，因为他的持续关注，透明商业才从起初的演讲主题，演绎成今天相对体系化的新商业方法。

　　商业，因透明而可信，因可信而美好。

卜安洵

2022 年 7 月 31 日于南京

前言

近年来，数字化转型已经成为政府、学界和企业不可回避的话题。或许我们不知道什么叫作百年一遇之大变局，或许我们也不知道数字化究竟有何深意，但是我们已经趋同地认为"数字化转型"是通往新世界的大门。

正如我们不明白为什么是外卖替代了方便面的大部分份额，又为什么是智能手机逐渐替换了相机。从第一性原理思考，为什么数字化转型至关重要？数字技术究竟是目标还是手段？为什么数字技术出现之后大家开始发现商业被跨界颠覆，中介服务商又瞬间消失殆尽？这一切与数字化有关，但是好像又与数字化无关。

在消费领域，我们已经感受到价格透明带来的好处，同一件商品可以全网比价，也可以看到买家真实的反馈。

在社交领域，我们已经感受到物以类聚，人以群分，我们可以看到朋友们喜欢什么，在看什么，又在为什么点赞。

在求职领域，企业一将难求，有能力者又怀才不遇，一纸简历的能量实在太小了，且真伪难辨、高低难评。

在食品领域，我们已经经历过"大头宝宝"事件，虽然安全标准、等级评估变得越发严苛，但是我们还是想喝最新鲜的牛奶，喝最正宗的那壶龙井，吃最纯正的阳澄湖大闸蟹。

人类的能量，来自化未知为知，变不能为能。信息不对称、能力不对称和观念不对称依然是影响人类进步的"三座大山"。

在卜安洵教授的发起下，我们对透明商业的倡导已经开展一年多的时间，我们发起了无数次以"透明"为主题的主旨宣讲，透明工厂、透明农业、透明人才、透明园区……每次都收获了大批的支持者和追随者。

透明工厂中，我们倡导用户透明、员工透明、监管方透明，并携手灯塔企业菲尼克斯（中国）投资有限公司共同创建透明工厂。

透明农业中，我们倡导养殖透明、包装透明、物流透明、价格透明，向着大家期待的打破对农户农资信息不透明、产销信息不透明的方向努力。

透明人才中，我们倡导能力透明、状态透明、关系透明，搭建人才图谱，让人才供需双方在信任、了解的基础上获得最佳匹配，人尽其才，为组织创造更多价值。

透明园区中，我们倡导基础设施透明、共享资源透明、办公赋能透明，让资源共享，让中台赋能园区，搭建产业生态。

透明地产中，我们倡导透明购房、透明建房、透明交房、透明维房，让房地产开发方专注于建房质量，让购房者能够真正了解未来住所，共同构建美好家园。

期待未来的世界，知我们应知，联我们必联，所见即可信，所交互皆能智能，透明商业也是透明的世界！

编者

2022 年 8 月

资源与支持

资源获取

本书提供如下资源：

- 本书思维导图
- 异步社区 7 天 VIP 会员

要获得以上资源，您可以扫描下方二维码，根据指引领取。

提交勘误

作者和编辑尽最大努力来确保书中内容的准确性，但难免会存在疏漏。欢迎您将发现的问题反馈给我们，帮助我们提升图书的质量。

当您发现错误时，请登录异步社区（https://www.epubit.com/），按书名搜索，进入本书页面，点击"发表勘误"，输入勘误信息，点击"提交勘误"按钮即可（见下图）。本书的作者和编辑会对您提交的勘误进行审核，确认并接受后，您将获赠异步社区的 100 积分。积分可用于在异步社区兑换优惠券、样书或奖品。

图书勘误		发表勘误
页码： 1	页内位置（行数）： 1	勘误印次： 1

图书类型： ◉ 纸书 ○ 电子书

添加勘误图片（最多可上传4张图片）

+

提交勘误

全部勘误　　我的勘误

与我们联系

我们的联系邮箱是 contact@epubit.com.cn。

如果您对本书有任何疑问或建议，请您发邮件给我们，并请在邮件标题中注明本书书名，以便我们更高效地做出反馈。

如果您有兴趣出版图书、录制教学视频，或者参与图书翻译、技术审校等工作，可以发邮件给我们。

如果您所在的学校、培训机构或企业，想批量购买本书或异步社区出版的其他图书，也可以发邮件给我们。

如果您在网上发现有针对异步社区出品图书的各种形式的盗版行为，包括对图书全部或部分内容的非授权传播，请您将怀疑有侵权行为的链接发邮件给我们。您的这一举动是对作者权益的保护，也是我们持续为您提供有价值的内容的动力之源。

关于异步社区和异步图书

"**异步社区**"（www.epubit.com）是由人民邮电出版社创办的 IT 专业图书社区，于 2015 年 8 月上线运营，致力于优质内容的出版和分享，为读者提供高品质的学习内容，为作译者提供专业的出版服务，实现作者与读者在线交流互动，以及传统出版与数字出版的融合发展。

"**异步图书**"是异步社区策划出版的精品 IT 图书的品牌，依托于人民邮电出版社在计算机图书领域 30 余年的发展与积淀。异步图书面向 IT 行业以及各行业使用 IT 技术的用户。

目录

透明商业宣言

人类的力量，来自化未知为知，变不能为能，

但闻道有先后，术业有专攻。

信息不对称、能力不对称、观念不对称，

依然是文明进化的"三座大山"。

蒙昧时代，我们以勇气对抗天命；

模拟时代，我们以工具改造自然；

数字时代，我们以透明实现美好。

透明，以数字技术成就数字权能！

透，是万物互联，透达无穷；

明，是万物互认，共生无极。

以透明之力，令资源全网流转精准适配；

以透明之效，令商业跨界融合协同创新。

我们需要透明产品和透明服务，

——无论是成分透明，还是成本透明。

我们需要透明生产和透明管理，

——无论是标准透明，还是流程透明。

我们需要透明商业和透明社会，

——无论是要素透明，还是规则透明。

我们是透明团队，透明商业领创者。

我们相信科技的力量，相信透明法则远胜诚意承诺。

我们相信真实的力量，相信透明商业才是市场未来。

我们将拥有更多的同伴，

如果你也相信透明的力量，欢迎加入！

让我们共同努力！

从今天开始，

让"透明"成为最珍贵的品行，

让"透明商业"成为最荣耀的创业。

第 1 章

透明商业：数智技术与商业文明的时代主张

1.1　商业中的不对称

商业，始于交换，而后促进了生产，刺激了消费。因此，生产、交易、消费驱动经济在循环中进化升级。

交换（交易）的对象不仅有物品，还有能源、劳动力、知识、数据、许可权等。因此，如果将商业定义为一切交易活动的总和，那么商业几乎涵盖了整个经济系统。商业即经济，即市场。

透明商业，即透明经济，即透明市场。

2012年，汤臣倍健（全称：汤臣倍健股份有限公司）透明工厂正式落成。该工厂率先在业内以更加透明的方式公开产品原料和生产过程，并邀请公众到现场参观，让公众近距离感受汤臣倍健的全球品质。汤臣倍健的透明工厂主要突出了两个方面：生产过程全透明，全球原料可追溯。

此外，旭辉集团（全称：旭辉集团股份有限公司）也推出了透明工厂，洽洽食品股份有限公司还做起了全球透明工厂云直播。

是什么驱动了商业的透明化？商业受困于什么，以至于透明化成为未来商业的出路？

1.1.1　信息不对称，让生意难以精益

我们来认真思考一下，因为信息不对称，消费者付出了怎样的代价。

1. 买了更贵的

同样一款产品，在实体店和网店的价格会有差异。那么，同样一款产品在不同的实体店之间是否同价呢？在不同的网店之间呢？

你可能听说过，同样的行程在不同的网约车平台上报价不同。但很少有人注意到，在同一个网约车平台上，相同的行程会因为约车者的不同，报价竟然也不同。

日常消费中，我们虽然知道了一件产品的标准价格，但面对各种促销活动，还是要费很大的精力才能弄清不同的优惠券及其使用条件。最典型的例子是，各大商家在促销期间推出各类优惠活动，规则复杂到很多人都弄不懂。

那么，如果能让消费者清楚地知道同一产品在不同平台、不同店铺的价格会怎样呢？如果将每一件产品的原料、加工流程、成本和当前定价下的利润空间全部告知消费者又会怎样呢？

简而言之，如果产品是透明的，会怎样呢？

有段时间，消费者能通过一淘比价插件知道每个商家的所有产品的历史价格，这导致各个商家之间没什么隐私可言了，如果产品的历史价格是透明的，商家的战略就会被对手知道。

另一个仍在运营的比价工具是"慢慢买"。

10 多年来，"慢慢买"专注于为消费者推荐高性价比的产品，并开发了全网比价、查看历史价格等功能，可以帮助消费者快速买到高性价比的产品。

仅仅是价格的透明就能让市场动荡难安，但这不是最符合消费者利益的吗？这不是数字化进程中必然会出现的吗？

也许透明化的过程充满波折，但这一趋势是确定无疑的。以价格透明为代表的透明化是所有企业都要面对的进入数字时代的第一次大考验。

2. 走了冤枉路

信息不对称的另一个代价，是让消费者多走冤枉路，例如"早知道会取消航班，我就坐高铁了""早知道你会，我就不找他来做了""早知道用这个材料就行，我们早就完成设计了"。

百度有个"知道"频道，用户可以在其中提问，也可以回答问题；而知乎的品牌标语是"有问题，就会有答案"。在问题与答案之间，隔着陌生的事和陌生的人。我们日常所遇到的问题，别人可能也遇到过，且已经有了解决的方法。只是，那些方法是什么？我们如何找到它们？

在这一点上，我们看到了知乎的变化。

知乎于 2011 年 1 月正式上线，以"让人们更好地分享知识、经验和见解，找到自己的解答"为品牌使命。在 2021 年，知乎的品牌口号由"有问题，上知乎"调整为"有问题，就会有答案"。

当然，让知识透明本身需要成本，所以知识产品不会全部免费。但面对难题的人若在黑暗中摸索答案，成本无疑会更高。

3. 错失好机会

因为信息不对称而失去机会是令人遗憾的事。电影里常有的情节是，因为不期而然的误会，原本天作之合的男女最终分道而行；生活中，一些明明很有才华的人却进不了心仪的公司；工作中，有的经理会将工作任务派给并不能胜任的员工。

我们都希望找对人，做对事，但前提是相关的信息要对称，而现实情况是，许多企业和个人受困于有限的信息。

如果机会是透明的呢？

1.1.2　能力不对称，让市场陷于低效

假设在一定的参照系内，信息是对称的，那么影响结果的主因将转向另一个要素——能力。

某大学的录取分数线是明确而公开的，你能否被录取，取决于你考了多少分；田径赛场上计算成绩的规则是公开的，你能拿到什么名次，取决于你的成绩；商店里的商品都明码标价销售，你能不能买走自己想要的，取决于你的支付能力。

同样的道理，大家都看到了市场的风口和创业的机会，但大多数创业者成了浪潮之中的泡沫。物竞天择，能者胜出。

上面所讲述的现象，似乎都是公平的。不过，当我们仔细分析能力不对称的时候，公平的表象之下，却隐藏着更多的问题。

能力不对称并非只存在于竞争方，在很多场景下，能力不对称也存在于合作方。从婚姻当中的门当户对，到联盟企业的实力匹配，人们总是希望强强组

合，互补增强。

合作方之间的能力如何实现对称？数字化会让这一切变得更容易吗？

答案是肯定的！数字化能让每位成员的能力图谱化，将任务与能力进行精准匹配，使员工能力需要与组织培训发展精准匹配。

能力差异是现实，而让差异清晰且互知，也将成为现实。

1.1.3　观念不对称，让社会困于冲突

如果信息是对称的，能力是匹配的，这个市场会如何运转？一切决策都会是最优的吗？一切合作都会是最高效的吗？如果这样，可能出现的意外情况是，不符合某种性价比标准的产品会滞销，达不到某种能力水平的人会找不到工作。

事实上，价值观的不对称，虽然让品牌打造和市场营销有了无穷的空间，但也扩大了产品设计预期和用户体验之间的距离。

1.　你竟然是这样的人

小时候，玩伴之间常常因为一点小事发生冲突。长大之后，一些经过自由恋爱而结婚的伴侣也可能等不到"七年之痒"，就再也不想跟对方过下去了。

这时，我们会想，早一点把对方看透就好了！

怎样才能看透一个人呢？人的复杂性，主要在于心灵。人的心灵决定了自身所拥有的禀赋、趣味和兴致，比如人们的穿着千差万别、口味多种多样。

但在大数据面前，每个人都是"裸露"的。行为（包括越来越多的网络留

痕行为）、言论（哪怕是一次随性的评论）、你的人际关系（也许是你刚刚关注的一个好友）等，像无数的小拼图，逐步拼接起来的图案，就暴露出你的"真面目"。

这是坏事还是好事？我们需要法规让数据成为有益无害的"公器"，同时，我们期盼更符合自身个性与需求的产品和服务。

2. 他竟然做这样的事

在企业中，我们怎样才能提前发现哪些员工在价值观上与公司不一致？怎样将不同个性的员工尽可能同化为拥有同一种价值观？前一个问题是企业在招聘过程中要解决的，后一个问题则是企业文化的构建者要面对的挑战。

我们听过不少创始团队的联合创始人之间因为协作冲突而散伙的故事。联合创始人既然一起创业，说明相互还是相当认可的，但在挫折或利益冲突面前，他们仍然可能发现对方不再是自己信任的人。

小到一个团队，大到企业集团，一方面需要确认和宣示自己的理想、信念及核心价值观，并将其转化为言行特征，即"向下"的透明；另一方面，需要设法即时呈现全部成员的言行表现，并识别成员与价值观要求的契合度或不一致性，即"向上"的透明。

因此，组织文化建设的目标，一定是打造透明的文化。

3. 我代表了自己的圈子

人的社会化，意味着人会形成基于特定观念的社会性认同。这种认同会使人做出相关的行动，从而结成大小不一的组织。而人与人之间、组织与组织之间会因为所思、所想、所求的不对称而产生冲突和对抗。

数字化会让价值观变得对称起来吗？是让各自的价值观逐步趋同，还是让不同的价值观相互理解？

答案不会那么简单，但数字化会让言行呈现得更充分，让不同的声音更及时地得到表达。

1.2 透明商业的价值主张

透明商业以数字化技术为基础。技术是中性的，它以物态为对象，以效率为诉求。而透明商业是在全面实现数字化部署和应用的基础上的以人为本。

如果说前文所述的不对称，解释了透明商业为何必要，因何必然，那么接下来要分析的，则是透明商业为了谁，服务谁。

透明商业是一种利益主张，是一种价值立场；既是服务者面向用户的承诺，又是创业者面向员工的自律，也是经营者面向监管方的责任。

1.2.1 面向消费者，以透明赢得信赖

许多企业都强调以消费者为中心，面对消费者这个"中心"，大家竭尽全力地包装和宣传，不遗余力想要赢得其好感。但有多少企业愿意尽可能公开信息，把产品和服务的真实情况完全展示出来呢？

《中华人民共和国消费者权益保护法》第八条规定，"消费者享有知悉其购买、

使用的商品或者接受的服务的真实情况的权利"，有权"要求经营者提供商品的价格、产地、生产者、用途、性能、规格、等级、主要成分、生产日期、有效期限、检验合格证明"等。

在数字化时代的今天，这些信息对消费者来说足够吗？

长期以来，产品的信息由制造方和销售方掌握，消费者只能以"吃一堑长一智"的方式积累经验，保护自我。要证实产品或服务是假冒伪劣的，其操作相当复杂，需要消费者付出大量精力和极高的成本。

在推动诚信经营和信任消费的过程中，不少符合某种诚信经营理念的企业获得了相应的荣誉证照。但这种由供应商或服务平台提供的诚信评价是否可靠？其公信力可以支撑全民的新消费吗？

2019 年，红星美凯龙家居集团股份有限公司开展了第一届"十佳诚信青年商户"评选活动，在全国范围内共推荐了 47 位初选候选人。经过网络投票、专家评审两个环节，最终诞生了"全国优秀诚信青年商户"和"全国十佳诚信青年商户"。

谷歌推出的"谷歌诚信商户"认证服务，为那些诚实可靠的电子商务网站颁发一个诚信商户标志，当在线购物者用鼠标指针触及商户网站上的该标志时，就会看到谷歌商户的服务指标。基于谷歌的大数据背景，这样的评价似乎较为可信。但事实上，只要是经由他人"背书"，其真实性都难判断。

这类问题的根本解决之道是"透明"。关于产品和服务，企业面向消费者，应实现"凡应知，必全知"。

哪些是应知和全知的？起码包括如下内容。

功能。产品的功能是什么？主功能和辅功能是否正合乎消费者需要？比如一台洗衣机，其主要功能是什么？如果有烘干、除菌、人机对话功能，应清晰完整地展示。此外，产品的材质、工艺、质量标准，会给消费者带来什么样的影响？如果这台洗衣机是定做的，可以告知消费者已经生产到哪一步、生产流程怎样、何时送到消费者家。

服务。企业可以在消费者购买某个产品时，告知其权益、需要承担的义务和风险，在其购买、使用这个产品的全过程中能得到的服务。一旦服务发生，企业还需告知消费者谁来服务、怎样服务，以及怎样评价和反馈服务的全过程。

价格。价格可以透明吗？回答是肯定的。如果企业能够提供真实的成本和费用，告知消费者实际的盈利水平和利润分配，将产生独特的品牌魅力，赢得消费者的依赖和忠诚。当然，目前只有极少数企业在特定的产品营销中尝试透明。

2019年3月13日，美丽修行App指出在某知名电商平台销量破百万、最高价格达400元的多款宝宝霜当中只有两款不含激素。这意味着全国至少有数百万婴幼儿正在遭受违规添加激素的危害而不知情。伴随着"成分党"概念的兴起，美丽修行App抓住了这样一个需求痛点，通过解决消费者和产品之间的信息不对称来帮助更多消费者维护自己的权益。

1.2.2　面向员工，以透明赢得信服

透明商业不仅强调企业要面向消费者做到产品或服务透明，还强调企业内部的管理透明。

建立透明企业，推行透明管理，这比实践透明产品还要难。在企业内部，信息不对称往往在上下级沟通中造成阻碍，尤其在传统以科层制为主导的企业内，实现透明管理的难度很大。那为什么我们还是要在企业中倡导透明管理？起码有以下 3 个理由。

一是企业组织模式必将扁平化。由于被市场竞争驱使，传统的多层级组织模式将让位于简化的三台（前台、中台、后台）和两层（团队领导、团队成员）组织模式。要想让这种新的组织模式高效运行，企业只能采取在公共操作系统之上共享动态数据的协同作业方式，也就是让所有任务的分工和职责变得透明。

二是数据和算法工具逐步在企业运营中占据主导，每个岗位都面向系统和数据指令进行作业，即所有工作中的方法和过程都是透明的。

三是数字技术打通了业务全流程，也记录了经营闭环中各个节点的成本和收益，员工个体、经营团队的绩效和分配也是即时透明的。

我们认为，透明企业必将成为企业的未来。有先见之明的企业可以在以下方面做出努力。

目标 / 任务公示。企业愿景、使命、战略规划和年度任务等，应当进行全面、全员公示，并使企业上下达成准确理解。近年来，不少企业提出以 OKR（Objectives and Key Results，目标与关键成果法）替代 KPI（Key Performance Indicator，关键绩效指标法）。二者主要的区别在于，OKR 更重视目标体系的贯彻和支持目标实现的任务体系的一致性。企业内强调的"各司其职"，须以员工全面理解整体目标和分工任务为前提。

制度 / 规范公开。无论是制度还是规范，只有全体员工皆知共守，才有约束之力。制度、规范应从员工中来，到员工中去。流程、标准和操作指导同样如此。企业通过数字系统将协作规则内嵌在制度和规范中，将机制、方法转换成算法指令，更有利于员工行为的自主合规。

业绩 / 权益同步。目标实现进程、业务收支动态等均应通过数字系统，面向全员即时呈现。海尔集团公司 10 多年前就通过全方位优化管理系统实现了员工和团队（自主经营体）的成本、收益动态查询。现在的数字技术应用系统，更可以直接记录每位员工的每次作业和关联收支，并基于分配规则直接计量分配。

资源共享。企业资源包括人力资源、资财资源、设施物料、知识产权和品牌特许等，均通过数字化展现于共享系统中。不同的角色在不同的作业中依规调取或使用相关资源。同时，资源系统需要面向联盟和生态成员开放。

高层行动公开。这是最具挑战性的领域，涉及董事长或其他高层的行程、发生的费用和领取的报酬能否公开。同理，一个团队里，领导的工作信息是否能向员工公开？总体趋势是确定的：既然是分工协作的整体，越重要的角色，其工作信息就越要开放给其他员工。

1.2.3　面向监管，以透明赢得信任

企业的利益关系方除了有消费者、员工，还有代表公共利益的监管方。透明商业，还表现为面向公众、面向监督的透明。

企业为什么要接受社会的约束？除了市场秩序建设对市场主体的规范要求外，还有 3 个极其重要的原因。一是企业消耗社会资源，这些资源中有许多并不

能被精确定价并计入成本，特别是市场经营的外部性溢出，如污染物的排放或公共空间的占用等。二是企业员工的从业过程不只是分工过程中的生产劳动，它也直接影响着员工的个人和家庭生活、精神状态和人格发展。三是企业提供的产品和服务不仅用于供应、交易和消费，还直接构成经济秩序和社会文化的一部分。

所以，企业的社会责任在本质上高于企业的经营责任，这一点在工业社会中很难被认识到。但在数字化时代，企业与市场、工作与生活、商品与社会之间完全打通，企业的自律和社会对企业的监管也进入了新阶段。

2019 年 8 月 19 日，181 家美国公司的首席执行官在华盛顿召开的美国商业组织"商业圆桌会议"上联合签署了《公司宗旨宣言书》。《公司宗旨宣言书》重新定义了公司运营的宗旨，宣称股东利益不再是一家公司最重要的目标，公司的首要任务是创造一个更美好的社会。在这份宣言中，贝佐斯、库克等引领美国商业的首席执行官们集体发声：一个美好的社会比股东利益更重要。

环保、安全、质量、劳动、税务等各领域的市场监督任重而道远。监管的技术手段和企业家们的自觉性哪个更重要？

结论或许是：监管的技术手段更重要。监管部门可以基于数字化的技术系统，对需要监督的主体的全部活动进行采集、比对和预警，并联动到执法和服务。

深圳市政府管理服务指挥中心接入了全市 82 套系统，汇集各部门 100 类业务数据、38 万多路视频数据，构建了 200 多项城市生命体征监测一级指标。当罗湖区某家餐厅后厨的水龙头忘了关闭而水流外溢时，该中心的网络终端智能视频便能监测到并自动发出预警。整个市场和企业的监管真正实现了透明。

企业应该在哪些方面配合监管，追求透明管理呢？

质量达标。提供合乎质量标准的产品，是企业的基本义务。质量把控主要依靠内部管控体系实现，质量透明意味着内部品控数据不仅要向企业内的质量检测员公开，更要及时向监管人员公开。

财税合规。企业的财务和税务都有行业准则和国家法规，但传统的审计仍难避免个别人钻空子。透明化意味着财务和税务的全面在线、主体归一和全网联通。

生产许可。传统的环保许可证照模式，在"双碳"新目标面前亟待创新，特种经营许可也需要更精细的审核，而全生产过程的监控更为重要。企业应以全域的源头数据采集和智能预警为基础；全面的综合经营监测，将让监控标的要素的动态清晰可辨。

劳动关系。更复杂的监管是对劳动关系的监管。面对大量的众包作业、直播电商和零工经济，监管者如何保障劳动关系的合法合规？即使是有直接聘任关系的劳资双方，也有大量的纠纷存在。因此，数字化的分工协作轨迹记录与劳动保护部门及组织互联，是透明化的保障。

公益义务。企业公益不能自说自话，自我标榜，所有公益活动应有数据痕迹和核实规范。类似公民公益的"志愿者身份管理"和"时间银行"等权益机制，在数字技术支持下可广泛推行。

2019 年 11 月，"全球企业可持续竞争力高峰论坛"在北京举行，论坛上发布了《中国企业公众透明度报告（2018—2019）》（以下简称《报告》）。《报告》以中国 100 强企业为主要研究对象，从信息需求识别、信息编码有效、信息披露时效性、传播对象覆盖率、二次传播率、受众说服率 6 个维度对企业公众透明度情况进行了详细解读。

最后，我以一个有趣的例子结束本节。

创立于 2000 年的运动服饰企业鸿星尔克（全称：鸿星尔克实业有限公司），因为郑州暴雨后的赈灾行动而"爆红"。网友们挖出这个"自己都快倒闭了，却豪捐物资"的慈善大户，并涌入其品牌直播间，以"野性消费"的方式表达敬仰和支持。

2021 年 7 月 23 日，鸿星尔克直播间最高在线人数突破了 10 万人，截至 23 日下午 5 点，累计观看人数达 1400 万人，单场点赞量突破 1.5 亿次。某短视频平台上，鸿星尔克在 7 月 21 至 23 日的销售量已超过 2021 年上半年销量总和。另一电商平台数据显示，7 月 23 日，鸿星尔克销售额同比增长超 52 倍，不少网友称"要买到让鸿星尔克缝纫机冒烟"。

接下来画风突转。有人质疑鸿星尔克捐赠不实，一时舆论大哗。于是董事长吴荣照只得出面澄清，并由两家基金会做出证明。

由此，我们更体会到透明的重要性，唯有透明，才有可信，才有真正美好的商业。

1.3 透明商业的基本信条

"透明"，是互联的"透"，加上互认的"明"。首先，什么是透？透，即万物互联。

事实上，万物本就互联，只是人类的认知能力有限，只能看到有限的表面联系。数千年来，这种认知能力受限于"模拟语言"。

我们只能"看见"波长为 380 ~ 780nm 的光，只能听到频率为 20 ~ 20000Hz 的声音，只能嗅出十几种至数百种气味，甚至只能尝出 6 种基本的味道。所以我们长久以来被局限在一个简易且绝大部分处于黑箱内的"现实世界"中。我们希望获知更多事物之间的关联，了解现象内部的规律，但在模拟时代，我们无能为力。

我们无法看"透"，因此更难看"明"。

比如这样一个问题：一个人终其一生能认识多少人？这里有两种答案：150人和 250 人。

英国人类学家罗宾·邓巴认为，脑的进化，也就是脑容量的变大，是为了应付更大的交往圈子。圈子的人数稍微增多一点，社交和智力的负担就明显增加。所有灵长类动物中，人的生活圈子最大，所以人的大脑皮质的表面积相对于大脑表面积的比值也最大。研究人员发现，晚期智人（现代人）的这一比值为 147.8，将近 150，"150 这个数字似乎代表了我们可以与之保持社交关系的人的数目的最大值"。邓巴对人类学文献进行了梳理，考察了 21 个原始部落，从澳大利亚的瓦尔比利族到新几内亚岛的图阿德族，发现这些部落的平均人口为 148.4，也接近150 这个数字。

乔·吉拉德是一位汽车销售员，向一位开办殡仪馆的顾客销售了一辆汽车。完成交易后，他向这位顾客询问一场葬礼平均有多少位参加者。"大约 250 名。"对方答道。此时，一个念头闪现在吉拉德的大脑里：这儿存在一条有用的规律，我可以运用这条规律为自己的事业服务。这条规律便是：大多数人一生中都有250 名重要的、有资格被邀请参加其葬礼的相关人员。这一判断被吉拉德发展成了影响全世界销售人员的重要理念：每一名顾客身后，大体有 250 名亲友。如果赢得了一名顾客的好感，就意味着赢得了 250 名顾客的好感；反之，如果得罪了一名顾客，也就意味着得罪了 250 名顾客。

显然，当人际互动的介质从模拟技术升级为数字技术时，我们的朋友圈就扩大了。我们的交际面变成了交互体，我们认识的人，从亲友、同事、同学变成参加同一活动的人、使用相同产品的人、订阅同一内容的人等。

2020 年 1 月 9 日，张小龙在微信年会上表示："之前我们限定了一个人最多加 5000 个好友，现在已经有 100 多万人的微信好友接近 5000 人了，虽然不都是真正意义上的好友，但也促使我们要扩大好友人数了。微信想要扩大好友人数是非常容易的，但是对于它带来的影响，我们诚惶诚恐，会反复思考。"紧接着，微信 7.0.10 版本更新后，解除了微信好友为 5000 人的上限，人们可以继续添加新的好友，不过对于这些超额新加的好友只能设置"仅聊天"。

"透"，意味着相互关联的对象不仅是同一层面的极大扩展，更是不同层面、维度之间的相互穿透和贯通，并形成过去不可能发生的跨界、跨层、跨代的相互连接。

从企业内部的全流程和全要素看，"透"具体表现为研发中"问题、方法、知识、素材"的相互穿透，制造中"计划、设备、物料、工艺"的相互打通，营销中"需方、供方、服务方、监管方"的交互协同，管理中"谁、做什么、如何做、做怎样"的无缝衔接。

那么，什么是"明"？"明"是节点互认。

网络之中的节点，相互之间能否互信？节点之间只有达成互信，才能真正实现互联的价值。而互信，以互认为基础，以互信为目标。

互认，是相互间通信、转译和解读，知道"是谁""怎么样"。因此，除了通信标准化，还需要地址解析和数据服务。

互信，是在互认基础上，对"为什么"和"能如何"等问题达成的共识，需要身份、状态和价值的确认。

互认和互信能解决能力与价值观不对称的问题，为大规模、跨平台协作和非连续创新带来可能。

2020年，全国各地的防疫工作成为社会治理的重大事项，其中"健康码"成为标注个人行程和判断受染与否的关键工具，但刚开始各省（区、市）推出的"健康码"不能互认。为此，2020年3月，国务院办公厅会同各地方和国家卫生健康委员会等有关方面，推动建立了"健康码"跨省（区、市）互认机制，依托国家政务服务平台实现了各省（区、市）防疫健康信息共享、"健康码"互通互认。

为推动各地"健康码"互通互认，国家政务服务平台提供了"健康码"跨省（区、市）互认共享的3种实现方式：第一种是在不改变地方现有"健康码"的情况下，通过跨地区防疫健康信息数据共享，在本地"健康码"中增加跨地区互认功能；第二种是各地"健康码"与国家政务服务平台"防疫信息码"对接，以国家政务服务平台"防疫信息码"为中介进行转换，从而实现跨地区"健康码"互认；第三种是未建设本地"健康码"的地区可直接采用国家政务服务平台的"防疫信息码"，同时结合本地防疫健康相关信息，实现跨地区互通互认。

在社会经济场景中，网络系统中不同人、不同物、不同事之间互联之后的互认和互信更为重要。

协作上，哪些人可以匹配？社交上，哪些人值得交往？消费上，哪些商品受青睐？研发上，哪些工具可共享？

下面，我们来分析更重要的问题：如何实现透明商业？在此，我提出透明商业的 4 条原则。

1.3.1　凡需知，必尽知

我们并不主张让所有数据面向所有人。事实上，公众所面临的挑战并非数据的匮乏，反倒是数据庞杂，但真正有用、有效的数据却严重不足。

所以，透明商业的第一条原则就是：凡需知，必尽知。

如果我要买一台消毒柜，我希望了解它的功能、性能、质量、价格、材质、工艺、生产者、检验者、售后服务情况、它与同类产品相比的优势，以及它是否适合自己。

为了保障我的合理权益，我希望知道与之相关的全部的数据。

《深圳经济特区医疗条例》经市第六届人民代表大会常务委员会第十次会议于 2016 年 8 月 25 日通过，自 2017 年 1 月 1 日起施行。该条例首次将医疗机构明确为"公共场所"，规定全部病历向患者公开，并授权二、三级医院限制接诊等，一系列大胆的制度创新，引发广泛热议。

借此，我们思考一下：特定患者的数据开放给了本人，那能否开放给他的家人？能否开放给同医院的医生？能否开放给医学研究机构和同行？能否开放给药物研究机构？

所以，这里有个重要前提：厘清相关的主体（如供需双方或多方），明确知情的权责。在此基础上，规划和建设相应的大数据系统和数据治理策略。

1.3.2 凡关联，必互联

如果我想旅游，通常会找一家在线旅行社浏览一下相关的产品，比较容易找到的信息有行程景点、食宿安排和费用构成。可是，影响旅行体验的重要因素还有很多，如导游是怎样的人，当地的天气如何，景点游览有哪些互动方式，甚至同行的游客中有没有与我合得来的人。

凡关联，必互联。这是透明商业的第二条原则。

这一原则要求产品或服务的提供方，面向消费者提供全部利益相关或体验相关的要素数据。这样做的前提是：消费标的指代明确，消费场景边界清晰，而与此场景或节点相关的要素和关系可以被全面链接。

目前，一些企业尝试在某一个大的消费主题领域内，尽可能多地链接相关方，形成互联互用的小生态。例如海尔集团公司（以下简称海尔）的卡奥斯工业互联网平台，以实体产能向线上兼容，构建起了规模较大的互联制造平台；而阿里巴巴的超级工厂则以云端能力向线下兼容，串联起海量的线下加工产能单元，形成增长迅猛的新型工业互联平台。

如今，海尔的卡奥斯工业互联网平台已成为全球有名的大规模定制解决方案平台之一，服务企业70万余家，连接开发者超过10万，孕育出化工、模具、农业等 15 个行业生态。比如卡奥斯工业互联网平台与青岛啤酒集团有限公司成功打造啤酒饮料行业首座"灯塔工厂"，与山东省共建智慧化工综合管理平台。

2021 年 1 月 27 日，淘宝特价版对外公布，自 2020 年 9 月与阿里巴巴内贸平台 1688 打通以来，平台新增"批零兼售"工厂商家超 7 万家，平均每天有超过 500 家产业带工厂借助阿里巴巴的 C2M（Customer-to-Manufacturer，用户直连制造）转型零售工厂。超级工厂成了全网爆品的源头工厂。而阿里巴巴 2020 年才定下超级工厂计划，计划在未来 3 年帮助 1000 个产业带工厂升级为产值过亿元的超级工厂。这个目标正在加速完成。

当然，目前这些工业互联网平台只是在产业链层面进行了产能和资源的关联与互联。随着物联网技术和应用的推广与深入，工业互联网、能源互联网和消费互联网等将进一步发展，那时也会实现真正的"凡关联，必互联"。

1.3.3　凡呈现，必可信

企业面向用户呈现的数据必须可信，这是透明商业的第三条原则。

数据要易得、易读、易懂，更要可信。

在电商网站上，我们为了选购一款产品，除了看商家的各种介绍，还会看其他消费者的评价。不仅看好评，更要看差评，因为我们已经习惯于不相信商家的自卖自夸。

企业人力资源管理人员面对招聘网站上求职者的简历，很难判断出哪些内容存在"水分"，哪些是"干货"。

经过刻意包装的数据造假，甚至能做足相关方的相互"印证"，让常规的审检难以发现破绽。

2019 年 4 月至 12 月，当事人及瑞幸咖啡（北京）有限公司在多家第三方公司帮助下，采用"个人及企业刷单造假""API 企业客户交易造假"，虚增收入；通过开展虚假交易、伪造银行流水、建立虚假数据库、伪造卡券消费记录等手段，累计制作虚假咖啡卡券订单 1.23 亿单。同时，当事人及瑞幸咖啡（北京）有限公司与多家第三方公司开展虚假交易，通过虚构原材料采购、外卖配送业务，虚增劳务外包业务，虚构广告业务等方式虚增成本支出，平衡业绩利润数据，通过资金循环来实现营业收入大幅虚增。

如何防范瑞幸事件重演？现在有没有办法让呈现的数据是可信的？答案已经十分明确，那就是区块链技术的应用。虽然在一定范围内和一定程度上，我们仍习惯通过"权威"机构提供某类对象的可信证明，但在越来越多的场景中，我们可以选择通过区块链技术实现数据的可信化。

区块链以特殊的算法机制，让各交易节点的数据变化得以确认且不可撤销和篡改。但由于每次计算都要让网络内的所有节点同步，因而区块链需要具有强大的算力，并会产生一定的时延。

但区块链的广泛应用仍是让人期待的美好未来，区块链是透明商业的实践者必须依赖的核心技术之一。让自己的数据可信，这是数据发布方的责任。如果说传统的中心验证是必要的过程，那么，基于区块链的可信机制，就是面向未来的探索。

1.3.4　凡交互，必智能

透明商业要求数据充分、可信，但它不应该增加用户识别和判断的难度。这样就有了透明商业的第四条原则：凡交互，必智能。

消费时，我们如何发现自己最需要的是哪一款产品？怎样知道价格是否合理？交易中，我们如何保障权益、避免风险？使用时，我们要怎样利用和维护产品？监管时，我们如何发现偏差并给出评价和反馈？

经济活动的全过程，都需要个性化智能助手的帮助。

手机上的 App，如美图秀秀、今日头条、淘宝，相信多数人都使用过。这些软件都集成了多项 AI（Artificial Intelligence，人工智能）技术。

并非只有企业和组织才会使用 AI 技术，普通的个人也可以。即使不是技术极客也知道 Siri，或者 Cortana 和 Alexa，以及市面上其他可以买到的个人语音助手。调查显示，美国有超过 1/3 的人口每天使用个人语音助手，这并不让人惊讶。

"玩秘"是一个基于语义理解的智能娱乐生活推荐平台，它根据用户所处的不同场景，结合个人需求为其推荐和安排行程。目前"玩秘"的主要接入端口为智能音箱、智能车载及智能手机。

未来，厂商不需要开发自己的智能助手，但每个厂商都需要为自己的用户提供这项服务。这意味着没有自己的智能助手的厂商需要向那些拥有高市场覆盖度的智能助手的厂商租借其服务能力，即借由 Siri、小冰、小爱同学等为用户提供智能服务。

可以预见，以智能助手为代表的人生虚拟伴侣将是下一代商业的竞争高地之一。

1.4 构筑透明商业的技术底盘

透明商业的追求，是通过透明实现可信。但透明一定就可信吗？未必！我们一直相信眼见为实，可是很多做假的套路就是让你只见其表，而不见而本。网络普及之后，电信诈骗、网络诈骗层出不穷。所以，信息和网络既释放出巨大的自由度与创造力，也伴随着更大的信息"雾霾"和想象力"枷锁"。

面对网络上的无穷信息，我们体会到新的无能为力。就像一首歌中唱的：借我一双慧眼吧，让我把这纷扰看个清清楚楚、明明白白、真真切切。

这双"慧眼"，就是数字技术，准确地说，是数字认证技术和更为重要的区块链技术。下面就为大家分析透明商业的技术底盘。

1.4.1 身份可信

市场有效的前提之一是，每个利益主体和行动主体的身份都是确定的。

我们已经习惯了以模拟信号或模拟语言的方式确定每个人或每件物品的身份。例如：一个人的身份，可以用姓名和身份证号码来确定；设备的身份，便是设备的名称和它的编码。再细一点，每个人（或每件物品）的身份包括他（或它）的社会关系、产权关系或应用关系。模拟语言表达的身份，由于形式具体、信息量少，所以不难造假，如签名的模仿或第一代身份证的仿制。

进入网络化时代，身份有了更多的属性数据，也有了相应的数字化口令和验证方式，不见面的沟通成为常态。但网络治理和身份识别技术似乎远远跟不上越来越广泛深入的网络应用。于是网络上"谁是谁"这样一个起点级的问题，显得更为突出。

从技术的角度看，网络上的"地址"是唯一的，通过 IPv6 的升级，世界上的任意"一粒沙子"均可被定义出独立的 IP，具有网络独立的地址。但是地址不等于身份，如果不能确定这个地址是谁在操作，那么将无法清晰地认定责任和权益。

也就是说，身份可信包括两层要求。一是数字 IP 的身份是唯一且确定的，无论是一个组织、一个人、一台机器，还是一只猫，我们需要在数字活动中确定每个行为主体的唯一身份。二是数字 IP 与现实（模拟）世界里的某个特定身份是对应的，也是唯一和确定的。

如果不同身份主体之间的交互仅停留在数字世界，不与现实世界发生社会性关联，那么，身份可信只需要满足第一层要求即可，如网络游戏中临时组队的成员。而当数字化后交易和互动需要现实性的确权与维权时，则必须满足第二层要求。我们生活在"孪生世界"中，所以大多数情况下，身份可信包含了双重可信。

1998 年，国内第一家以实体形式运营的 CA（Certification Authority，认证机构）——上海市数字证书认证中心有限公司（简称上海 CA）成立。至今，全国已有几十家持有牌照的 CA。

CA 认证，即电子认证服务，是指为电子签名相关各方提供真实性、可靠性验证的活动。CA，即颁发数字证书的机构，它作为电子商务交易中受信任的第三方，承担公钥体系中公钥的合法性检验的责任。

数字证书的类型如下。

个人数字证书：主要用于标识数字证书自然人所有人的身份，包含了个人的身份信息及其公钥，如用户姓名、证件号码、身份类型等，可用于个人在网上进行合同签订、下订单、支付等活动。

机构数字证书：用于机构在电子政务和电子商务方面的对外活动，如合同签订等。证书中包含机构信息和机构的公钥，以及机构的私钥签名，用于标识证书持有机构的真实身份。此证书相当于现实世界中机构的公章，具有唯一性，即每个机构只有一个。

设备数字证书：用于在网络应用中标识网络设备的身份，主要包含设备的相关信息及其公钥，如域名、网址等，可用于 Web 服务器等各种网络设备在网络通信中标识和验证设备身份。

代码签名数字证书：是签发给软件开发者的数字证书，包含软件开发者的身份信息及其公钥，主要用于证明软件开发者所发行的软件代码来源于一个真实软件开发者，可以有效防止软件代码被窜改。

我们可以把 CA 模式理解为，以现实（模拟）世界的身份为基础，映射到数字世界中的身份。这种模式对基于现实世界的规则和关系，又经由数字世界的程序操作的利益风险行为比较有效。此时，身份的可靠性需要依靠 CA 的资格管理和身份认证业务作业的规范性来保障。

另一解决之道是，以网络技术来解决网络应用中的身份可靠性问题，即区块链技术。我们可以这样理解：采用区块链技术的身份认证，是基于数字世界自身的规则和关系来确定网络行为中的主体身份，在某些网络化闭环行为系统中，各主体不需要对应现实世界里的身份。但在更多的情况下，线上的数字身份仍要对应其现实的社会身份。

1.4.2　行为可信

身份是真实的，其行为是否也是真实的？

从"上帝"视角看，我们每个人的一言一行，哪怕是静坐，都是行为，都在发生能量和信息的转换，影响着周边的气场、成分和结构，影响着时空的变化。

如今我们置身于"孪生世界"，所产生的行为也分为两类。一类是在线行为，即数字世界中的行为。我们在线上的行为会留下数字痕迹，比如你的签到、你访问网络留下的痕迹。另一类是离线行为，即现实（模拟）世界中的行为。在现实世界中，我们的行为通过模拟信号或模拟语言得到记录，如你的日记、公司的工作台账或者你的同事亲眼所见的你的工作过程。

所有记录都有成本，对记录的分析也有成本。因此我们要有选择地记录一部分行为。那么，哪些行为要记录？对特定主体而言，如果记录后的具体价值超过记录所需要的成本，那么这样的行为就值得记录。在现实世界里，由于应用模拟语言做记录的成本高、质量低，所以记录量并不大。那么在数字世界呢？是否会不加区别地全部记录？不会！因为数字世界中的记录同样有成本（如采集和存取），分析也同样有成本（如算力损耗）。

因此，我们要分析的重点是在数字世界里，我们会选择记录哪些行为，用什么方式记录，以及如何让记录可信。

一些在线学习平台为了记录学员的学习行为，要求学员签到、点播，但学员签到之后是否真的一直在听课学习？如果重点是确定学员在要求的时间打开某个课程视频，那么记录点播的动作即可；如果重点是确保学员正在真实地在线学习，那就需要增加视频监测或其他生物监测的手段；如果重点是观察和分析学员的在线学习习惯，那就需要设置更多的交互动作和采集反馈的策略。

我们应先确定记录的应用目的，再设计记录的内容和方式。当然，产生线上记录的前提是行为必须在线。好在随着网络的全空间覆盖和智能设备的随身相伴，绝大多数人在绝大多数时间能在线。

相比而言，在现实世界里，留下模拟语言能够识别的痕迹则更加不容易，如果要判断某人的特定行为是否违法，需要进行大量的侦测、举证和合议。

透明商业需要商业活动被记录和可验证。从保护用户权益的角度出发，厂商的产品研发、加工、物流和服务活动都必须被充分记录且是真实可验的。这种水平的透明，只有采取数字化手段才能达到。

支持实现行为可信的数字技术应用包括快速连接、电子签章、时间戳、数据保全和电子存证等。

百度超级链可实现 API（Application Program Interface，应用程序接口）一站式输出，有效解决了区块链技术开发和应用部署门槛较高的行业痛点。例如，可信存证业务是依托百度自研超级链技术，利用区块链永久保存、不可窜改的特性，将原始电子文件加密后得到的哈希值存储上链，完成存证的。百度存证链同时联通司法体系，能形成完整的电子证据闭环，切实保障存证可用、可信、可靠。

1.4.3　状态可信

身份和行为可信之后，我们还需要实现状态可信。在确认了跟我交易的对象的身份，也确认了他刚刚做了汇款的操作后，这笔款项现在是否已到账？实际汇出的数目是多少？或者在另一种场景中，我确认了某位同事（身份）已经去公司准备加班做方案（行为），那么他现在正在做方案吗？做到什么程度了（状态）？

设备或系统的状态、个人或组织的状态、生产或交易的状态等都需要记录，需要可见，更需要可信。

2021 年 7 月，郑州遭遇超级暴雨，南京突发疫情，朋友圈里充斥着城市洪灾景象和疫情传言。真实而完整的事件是怎样的？有了时间、地点和人物，状态信息就变成了"刚需"。

现实世界里，我们倾向于信任官方的发布和认定。而在数字世界里，人们需要依靠技术来获取真实的状态信息。

在全数字化的场景下，我们可以将行为过程和状态要素根据任意时间切片，生成不同的"新状态"，即不同方向上的阶段性结果或定向性交付。此时，区块链技术成为解决问题的不二之选。

杭州趣链科技有限公司（简称趣链科技）是国际知名的区块链产品及应用解决方案供应商，致力于构建数字化时代的商业基础设施。其核心产品包括联盟区块链底层平台、自主研发的链原生数据协作平台 BitXMesh、区块链跨链技术平台 BitXHub，以及一站式区块链开放服务 BaaS（Blockchain as a Service，区块链即服务）平台飞洛。此外，该公司已参与制定国际标准和国家标准近百项。

与行为记录需要基于记录的目的而反向设计一样，状态的记录更要基于状态识别的目的而反向设计。如果要反映订单交付的状态，就根据在途节点（空间）和响应时效（时间）设计呈现方式。如果是招聘中的人才，是否为可入职的状态呢？某一设备当前是否为可运转的状态呢？ 某一食品当前是否为可食用的状态呢？

几乎所有的透明产品、透明服务，在实现身份透明的基础上，都需要实现行为和状态的透明。

1.4.4　价值可信

如今，网络已从信息互联、万物互联，发展为价值互联。价值互联既是网络互联的出发点，也是它的目的地。

我希望知道你的身份，知道你的行为，知道你的状态，而这一切，是为了知道你对我的价值。一件产品由谁生产？谁在销售？具有怎样的形态和成分？这些当然重要，但更重要的是，它值得我购买吗？

对于一位求职者，我要知道他的真实身份、职业经历和专业能力，而我更要判断他是否值得我聘用。如果聘用，我应该给他什么样的报酬？

对于一项专利，我既要知道它的发明人、权益人，也要知道它的应用领域和技术创新点，但最终的问题是，我是否需要它和该花多少钱买下它。

透明商业，需要从主体身份的透明可信开始，然后是行为的透明可信、状态的透明可信，最终是价值的透明可信。

但价值的透明可信是最难实现的环节。身份可以基于规则进行明确界定和验证，行为可以基于记录进行呈现和复核，状态可以综合属性数据进行表达和鉴定，如果说前面三者相对而言是标准的、客观的，那么价值几乎全是主观的、多变的。

但这并不表示我们在价值的透明可信上无能为力。

一位老人，他该如何选择最适合他的养老机构？仅有养老机构身份、行为和状态的信息是不够的，因为他凭借经验和知识难以判断与选择。一位病患该如何选择自己的治疗方案？一对年轻的情侣该如何选购他们人生中的第一套住房？

消费者有名义上的选择权，但在商家面前，他们最困惑的也许不是信息不对称，而是知识不对称或者能力不对称。透明商业的宗旨，是帮助消费者选择最适合自己的产品和服务。

怎么做呢？当然是交给数字技术，特别是区块链和 AI 技术的结合。首先是通过区块链，实现真实唯一的确权和安全可靠的交易。

价值可信的首要前提是确定资产的所有者。因此，我们可以通过密码学，利用公钥和私钥机制保证所有者对资产的唯一所有权；通过共识机制，保障声明所有权的时间顺序，即第一个声明的人才是某资产的真正唯一所有者；通过分布式账本，保障所有权长期存在，不可更改。

价值是在供需中体现出来的，没有交换，就没有价值。通过密码学，所有者只有提供签名验证才能释放自己的资产，转移给另外的人；通过共识机制，给交易确定顺序，解决资产的"双花"问题，确认后的交易记录在案，不能更改；通过智能合约，保障交易只有在符合条件的情况下才能真正发生、自动化进行。

"可信链网"是由中国信息通信研究院联合中国银行业协会、中国农学会、上海保险交易所、广州公共资源交易中心、中信银行、上海浦东新区人民政府、珠海市政务服务数据管理局、工银科技、中盾安信这 9 家场景单位，以及华为、腾讯、微众银行、趣链科技、标信智链、蚂蚁集团、纸贵科技这 7 家科技企业共同发起的，为解决区块链孤岛、网络割裂的区块链互操作项目，共同构建的一个开放共享的社区，可实现跨区域、跨行业、跨组织的区块链互联互通，促进可信数据的流通，有助于推动行业快速发展。

然后是通过 AI 技术辅助价值判断。

比如一个食品溯源平台，真的要用户自己一页一页地点击查询某一食品的各项数据和全流程记录吗？为什么该平台不能直接输出一份食品的可信"报告"？这里的报告当然不是那种长篇巨制的文案，而是某种清晰易懂的结论和提示。

同样，对于一次旅行，一位候选的入职者，一个拟投资的项目，一台预约中的手术，我们不仅要向用户提供数据，还要提供"算法"。

透明商业的技术底盘的核心不是数据，而是算法。

算法当然意味着价值判断，意味着可能被利益相关者（如厂商）定义。所以未来的商业秩序，关键的不仅是商业活动的合规监督，更包含各类算法的基础审核。

要实现算法的透明，一是要公开价值优先的对象顺次，二是要确定模型支撑的应用场景，三是要公示模型采用的数据标准，四是要公开算法应用的维权记录。

透明商业，就是透明原则下的算法自由。

1.5　透明商业的迭代实践

透明商业只是美好的未来吗？不是！事实上商业的透明化早已开始。当各级政府推动建设诚信商业时，当以用户为中心的理念被一些厂商接受并开始行动时，当越来越多的面向用户提供数据的努力、面向员工进行民主决策的努力、面向监督方如实申报的努力出现时，商业的透明化就已经开始了。

透明商业当然还处于萌芽阶段。十几年前，德国大众汽车集团在易北河畔的制造中心被称为"透明工厂"，还只是因为厂房的幕墙是全透明的。而今位于珠海市的汤臣倍健的透明工厂能在膳食营养补充剂行业竖起透明的典范，则是因为参观者可以直接看到其研发中心、生产中心和办公中心。地产界的黑马旭辉集团推出的透明工厂像是一座建筑工艺博物馆，让来访者可以看到他们的五大核心工艺和 12 个体验场景。

显然，以上这些尚未完全做到基于数字技术实现供需、协作、监管各方信息对称的透明，以及基于区块链技术和 AI 技术实现身份可信、行为可信、状态可信和价值可信的透明。

这种透明绝非遥不可及。我们已经可以在市场实践中看到越来越多的创新案例。基于这些实践，我们可以深度梳理出透明商业在市场中是如何从萌芽到茁壮成长的。

1.5.1 个体级透明

像人体一样，市场也是由各种"细胞"构成的，这些"细胞"可以是具体的产品、具体的工具、具体的设施。从社会系统的角度看，这些"细胞"是不同的个体、不同的家庭、不同的企业。

透明商业是由透明个体构成的，所以打造个体级透明是实践透明商业的第一步。

个体级透明，就是特定对象的结构、成分、功能、性能、状态等信息的透明。

要实现个体级透明，需要执行以下 4 个步骤。

首先，要为每一个个体设定唯一的身份，即实现身份可信。如何护理和保护城市道路边的每一棵树？首先是给予每棵树唯一的身份码。如何禁猎和保护野生动物保护区里的每只动物？首先是使每只动物拥有唯一的身份信息。

其次，要定义面向的对象和关联的信息需求，要基于关系方和交互需求为每个个体对象建立数据规划。例如大楼里的设施设备面向使用者、维护者和再次施工者时，要提供不同的数据源、数据格式和相应质量的数据要求，特别是要"预留"升级的需求，如马路边的护栏、照明及监控设施的物联化。如果考虑到自动驾驶所需要的车路协同，那么相关的设计标准将显著提高。

再次，是通信、采集和传输信息。要让个体透明，并在数字世界中"活"起来，必须让该个体处于可通信的系统中。当然，目前以 5G 通信网络为标配，通信的成本和产出是个体场景智能化的主要瓶颈之一。

最后，是数字化的表达和反馈。受保护的树和古迹的信息如何为市民或游客所知？总不能靠树上张贴的告示或厚厚的介绍手册，因为人们需要轻松、及时地获知。当下最常用的方式是手机扫一扫，也许最值得期待的是增强现实的 AI 眼镜。希望 5G 或 6G 的通信能力，可以让 AI 眼镜摆脱自载算力要求而真正实现轻便化。

新加坡官方"树地图"门户网站上线后，城市里逾 50 万棵树的信息在这份电子地图上一览无余。"如果你想知道公司门口那棵被鲜花簇拥的树的品种，或者好奇学校教学楼前那棵古树究竟有多大年龄，抑或是你想告诉孩子离自己家最近的那几棵树中哪一棵是稀有品种……想要知道这些问题的答案，你现在只需要查看手机就可以了……"在新加坡植物园，一名工作人员满脸兴奋地向游客介绍。这 50 多万棵树的地图耗时近 10 个月制作，花费约 10 万新加坡元，被誉为亚洲最大的"树地图"。

2017 年 2 月，不少市民发现成都高新区的电梯里多了一个小型二维码。该二维码所包含的信息记录在成都市电梯安全公共服务平台的数据库，每次工作人员的维保情况及检修信息都会在第一时间传回数据库，以便对相关信息进行更新。市民还可以通过 App 进行故障报警：用手机扫描二维码后，屏幕上会出现电梯信息、维保信息、紧急报警和维保情况评价。

1.5.2　产链级透明

透明商业进化的第二个层次是产链级透明，即透明的个体相互关联而形成的全过程的透明，包括进度节点、状态值、完成度及相关可能性等信息的透明。

人们在城市里坐公交车可以即时查询目标车次何时到达，当前处在哪个位置，就像查询网购后物流的动态信息，这是最简单的产链级透明。稍复杂一点的，如人们在终端选购产品时，可以倒溯其物流、包装、加工过程、材质和产地等信息；如果是定制的产品，则整个过程和任意节点的数据都可以动态展示。相似的场景还有设备 / 设施的预测性维护，人们基于设备 / 设施使用全过程的数据互联和共享，能预知下一步的维护需求。

如果个体级透明是基于"物"的数字化，那么产链级透明则是基于"事"的数字化，是基于价值创造的特定过程，面向权益主体而展现的透明。产链级透明除了必须以完成物的透明作为基础外，还需要实现以下 3 个条件。

一是依据确定的价值链，设计确定的数据链。以公共交通为例，除车、站等空间和时间数据外，是否还需要载客量、车型、车况、票价等信息？要不要链接本人历史选乘信息？要不要同步比对不同的乘车路线？如果是食品溯源，除了品牌、产地、物流、质量等级等信息，是否还需要成分、营养、工艺、包装等更多的数据？

二是将不同数据源打通，并进行结构化呈现。这包括保障不同数据的即时采集、数据的可用性，以及挖掘当前用户所需的信息。

三是面向对象的场景化应用、策略输出和反馈输入。不管是溯源还是预测，不论是个人成长的需求分析，还是创业项目的投资价值评估、产链级透明的应用，都需要为应用者设计更务实、更易用的功能。

2019 年 11 月 4 日，北京市交通委员会与阿里巴巴旗下的高德地图签订战略合作框架协议，共同启动北京交通绿色出行一体化服务平台，即"北京 MaaS 平台"（MaaS 全称为 Mobility as a Service，出行即服务）。北京 MaaS 平台整合了公交、地铁、市郊铁路、步行、骑行、网约车、航空、铁路、长途大巴、自驾等全品类的交通出行服务，同时为绿色出行用户提供"地铁优先、步行少、换乘少、时间短"的多种出行规划建议。在出行过程中，平台创新引入了"公交 / 地铁乘车伴随卡"，将路线规划、步行导航、换乘引导、下车提醒等服务直观地呈现在用户面前，平台还会根据用户的位置实时展示其正在乘坐哪条线路、还剩几站换乘、到站剩余多长时间等。实时公交已覆盖北京全市超过 95% 的公交线路，实时信息匹配准确率超过 97%，全市所有地铁站点当前的拥挤情况也可实时在线查询。

2020 年 5 月 13 日，一款集预约挂号、候诊信息、账单查询、药品查询、健康卡、体征自测、附近药店、健康自查和健康档案等功能于一体的大健康网络平台——健康南通 App 正式上线运行。健康南通 App 最大的亮点就是市民可以通过该平台查询个人历史就医记录、检查检验结果、住院情况等相关健康档案。该平台的背后有一个强大的数据库，整合了整个南通市 40 多家二级以上医疗机构和社区卫生服务中心的相关健康数据，能为市民提供一份完整的健康档案。

1.5.3　平台级透明

透明商业进化的第三个层次是平台级透明。

从点到线再到面，透明化的关联体逐步增大。相关性强的透明产链组合在一起，形成产业系统或领域系统，这就是平台级透明。透明化平台之内，组成平台的主体、要素和关系相互透明。

不同的交通产链构成了城市综合交通系统，由单线运行的透明形成综合线网及不同通行平台的集成透明。而单一产品制程的产链透明，如果叠加其他产品线、员工排程及设备和能源等关联流程链的透明，即可实现智能制造的平台级透明。

同样，单一排污源的溯源只能实现产链级透明，而如果将环境治理的各个控制项全部集成并透明化，则可建立起智能环保透明平台。再如，单一员工的成长过程可以形成个体的产链级透明，而将所有员工的能力、分工、绩效和培训系统全部整合，则能实现人才管理的平台级透明。

实现平台级透明除了需要满足个体级透明、产链级透明外，还需要满足额外的条件。

首先，要有统一的、基础的操作系统。操作系统要集成底层的基础数据采集传导设施、中层的数字处理中心和表面的场景化应用分发。

其次，要有内在的、强关联的价值关系。比如工业互联网平台需要将设计、工艺、质控与采购、加工、物流，以及分工、作业和绩效等进行关联和整合。

最后，要有完善的标准、流程和规则。一个平台化的系统需要建立内部统一的标准，包括身份、作业流程、质量、效益计量和分配激励等规则。

Predix 是专为采集和分析工业数据而开发的云服务平台，负责将各种工业资产设备和供应商相互连接并接入云端，为各类工业设备提供完备的设备健康和故障预测，以实现生产效率优化、能耗管理、排程优化等。Predix 采用数据驱动和机理结合的方式，旨在解决质量、效率、能耗等问题，帮助工业企业实现数字化转型。

MindSphere 是一种基于云的开放式物联网操作系统，能够将产品、工厂、系统和机器设备安全快速地连接到数字世界，充分挖掘设备和系统在企业运营过程中所产生的数据潜在价值，并将其传输到 MindSphere 这类具有高级分析功能的工业程序中进行分析，进而产生更好的生产经营成果。

ABB Ability 集成了 ABB 集团从设备、边缘计算到云服务的跨行业、一体化的数字化能力。ABB Ability 量身定制的数字化解决方案已帮助能源、石化、冶金、机械、汽车、船舶、数据中心、基础设施等领域的众多企业与工业物联网实现互联，充分挖掘数字化潜力，提升效率，降低成本，提高安全性与核心竞争力。

EcoStruxure 平台的主要功能是实现企业能源效率的有效管理，以降低企业的运营成本，包括互联互通的产品、边缘控制及应用、分析与服务。EcoStruxure 将施耐德电气有限公司在自动化和能效管理领域的经验、专业领域知识和数据驱动的计量与分析技术相结合，帮助客户最大化物联网的价值。

1.5.4　生态级透明

透明商业的终极形态是生态级透明，是从点到线再到面，最后到体的新阶段。

生态是跨平台的复杂自适应系统。生态系统中各领域、各主体、各要素和关系的交互透明化，即生态级透明。

我们可以把"智慧城市"理解成最小规模的生态级透明，即在一个城市系统中实现了市政、交通、能源、环保、工商、科技、教育、文卫等全方位的透明，以至城市中的居民、经营者、公务员等都能基于充分的数据和优化的算法，实现最佳的工作和生活状态。当然，智慧城市与自动驾驶一样，是可以按成熟度分级的。目前，全国各地竞相推出的智慧城市，大多是 L1 级，深圳算得上 L2 级，而建设中的雄安新区是 L3 级。

至于数字浙江或数字中国这样的愿景，一定是数字化时代的未来。但在相当长的时间内，我们都只能处于追求伟大目标的征程中。

实现生态级透明，需要具备更为特别的条件。

一是真正去中心化，即分布式和开放性。腾讯与阿里巴巴相比，开放性更强，二者的差别在于，腾讯让生态企业保有自己的规则和流量经营，而阿里巴巴则追求统一的规则和统筹的流量转化。

二是利众成为最高准则。市场化的几十年间，一部分与时俱进的企业真正接受了"以客户为中心"的利他思维，但利他仅是工业时代市场化应有的理念。在数字时代，利他已经不够，利众才是新的最高准则。利众意味着整体生态的使命是服务于整个生态中的所有成员，真正使"最大多数人受益"。

三是数据和算力成本边际趋零。生态级透明要建立在数据和算力充沛的基础上，而数据和算力都需要成本，所以：一方面，技术必须要进步，使单位信息处理的能耗极大降低；另一方面，公共投入要承担大部分的透明化所需的新增成本。

第 2 章

透明工厂：透明制造与可信消费的一体平台

2.1 工业发展的 6 个阶段

人类文明历经几千年，大部分时期处于农耕时代，而工业的发展主要发生在近代，大致可以划分为 6 个阶段——手工时代、蒸汽时代（也称机械时代）、电气时代、信息化时代、网络化时代和智能化时代，如图 2-1 所示。

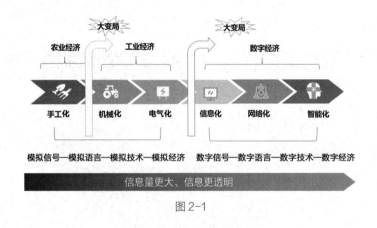

图 2-1

第一个阶段：手工时代（18 世纪 60 年代之前），重要发明有轮子、帆船、风车和水车，当时的工具靠手工制作，织布等生产工作也依靠手工。生产过程中产生的信息量小且信息不透明。

第二个阶段：蒸汽时代，即第一次工业革命时期（18 世纪 60 年代至 19 世纪中期），这是以机器取代人力的一场生产与科技的革命，重要发明有蒸汽机、火车、汽船和纺纱机，以大规模工厂化生产取代了个体手工生产。著名的企业西门子就诞生于这个时期。蒸汽时代的工厂是机械加工工厂，加工过程中会产生一定的信息，但信息不透明，且主要靠口口相传或单据传送。

第三个阶段：电气时代，即第二次工业革命时期（19 世纪中后期至 20 世纪初期），重要发明有发电机、电动机、电灯、电报、电话、内燃机、汽车、轮船、飞机等。奔驰、福特、通用电气、波音等企业都是在这个时期诞生的。电气时代的工厂是流水线工厂，生产过程中产生的信息量较大，但透明度不够高，信息主要靠单据或无线电技术传送。

第四个阶段：信息化时代，即第三次工业革命时期（20 世纪中期至 21 世纪初期），标志是电子计算机、原子能、空间技术和生物工程的发明与应用，涉及信息技术、新能源技术、新材料技术、生物医学技术、空间技术等诸多领域，这些都以信息技术为基础。在这一阶段，ERP（企业资源计划）、MES（制造执行系统）、CRM（客户关系管理）、SCM（供应链管理）、APS（高级计划与排程）、WMS（仓库管理系统）、OA（办公自动化）等系统被广泛应用，产业领军企业的共同特征是"软件化 + 商业"，企业内部信息可以跨岗位、跨部门共享，企业内协作开始透明化。

第五个阶段：网络化时代，"互联网 +"成为产业升级的主旋律。制造业在以工厂为单元的"软件化 + 制造"的基础上更进一步，在关联产能的不同工厂之间，以及在关联产业链的上下游企业之间开始了"互联网 + 制造"。制造业云服务平台推动制造业进入网络协同制造的新阶段。一些国家为此制定了国家战略，如德国推出"工业 4.0"，美国推出"工业互联网"，中国推出"中国制造2025"。在这个阶段，协同制造的企业内部和企业之间开始共享相关信息，制造业的透明化进入新的高度。

第六个阶段：智能化时代，标志是 AI（人工智能）、机器人、5G、IoT（Internet of Things，物联网）、云和大数据技术的广泛应用。制造业进入"AI+

制造"新竞争层次。在激烈的国际和国内竞争环境下，未来必将涌现一批符合这个时代特征的世界级优秀企业。

透明工厂将成为智能化时代工厂的典范，即在线互联的一体化制造平台。透明工厂与用户透明、与协作方透明、与员工透明、与管理者透明、与监管方透明，以数字化为基础，辅以透明商业的理念，提升人在商业过程中的体验，如图2-2所示。

图2-2

2.2 与用户透明

一般来说，To B 型企业面向客户，To C 型企业面向（最终）用户，此处只讲用户。客户部分参见"与协作方透明"小节，因为对 To B 型企业供应商来说，企业就是客户。

商业的本质就是服务，在消费升级的浪潮中，服务的对象——用户发生了以下巨大的变化。

- 快速的城市化进程。我国第七次全国人口普查结果显示，城市人口已经超过 9 亿，远远多于农村人口，并且依然在快速增长。
- 中产群体的迅速扩大。目前我国已有 4 亿多中产群体，其数量远远超过世界上任何一个国家和地区，根据其快速增长趋势，预计在 2035 年中产群体数量将超过 8 亿。
- 年轻人成为消费主力。用户对产品的品质（设计、技术、质量）、个性化和服务的要求越来越高。
- 信息传播快且越来越透明。随着互联网的发展，尤其是自媒体的兴起，过去靠信息不对称实现发展的商业模式越来越难以为继。
- 用户付费意识增强。如今，网上付费服务渐渐成为主流。以前网上的绝大部分服务是免费的，如新闻、图片、音频、视频、讲座和软件等，如今想在以上方面得到更好的服务和品质，用户往往需要付费。

消费升级也对企业提出了更高的要求，不但要求产品品质好、价格合理，还要求用户在整个消费过程体验愉快。因此面对用户，企业需要做到"5 个透明"，如图 2-3 所示。

2.2.1　需求透明

需求透明是指企业要面向用户建立透明的通道，而且往往是建立多通道，以实现快速收集需求、快速响应、快速服务。

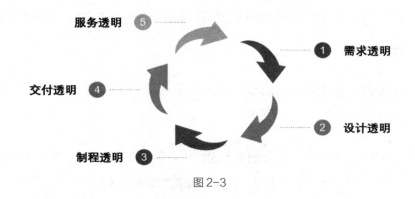

图 2-3

数字化的通道必须以信任为基础，没有信任就缺乏黏性，再好的通道也会成为摆设。

如图 2-4 所示，企业或基于全渠道主动采集用户需求，或基于信任被动获取用户需求。其中商业伙伴指经销商、代理商或第三方调研机构；全渠道是指全方位的获客路径，如各种电商平台、小程序、朋友圈、公众号、聊天工具、小视频等工具，同时也包含传统的获客路径，如展会、电话、邮件等。

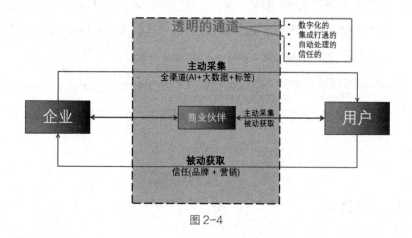

图 2-4

很多企业，尤其是快消品企业，严重依赖线下渠道。如果这些企业无法准确描绘用户画像，不明确用户的真实需求，就无法收集用户的意见和建议，会严重影响市场推广和产品研发的效率。

当然，家具企业、洁具企业、服装鞋帽企业、物流交通企业等已经开始重视数字化，并用数字化的手段规划和建立与用户之间的通道。家具行业本是特别传统的行业，定制家具就是数字化推动的产物。定制家具车间没有一位传统意义上的木工，全部靠智能化设备自动加工，离开数字化就无法实现家具的大规模定制，可以说数字化颠覆了整个家具行业。除了家具行业，越来越多的传统行业也进行了数字化转型，数字化正在改变许多行业，新的商业模式、新的业态、新的职业层出不穷。

近两年直播带货很火，商家通过公域流量、私域流量相结合的方式进行运营，直达用户，如图 2-5 所示。有的商家自建直播平台，有的借助其他的专业直播平台。直播带货的商家来自各行各业，但都取得了非常好的效果。

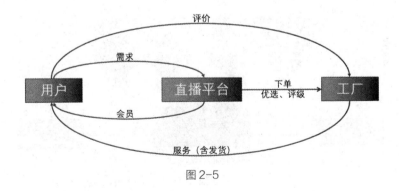

图 2-5

用户的需求分为以下 3 种类型。

- 标准产品的采购：例如采购标准尺寸的衣服鞋帽、标准规格的药品、标准重量的食品等。

- 配置产品的采购：产品除了一部分标准的配置外，还有一些选项配置。例如：购买计算机时可以选择不同大小的内存和硬盘、不同频率的CPU、不同档次的显卡等；购买汽车时，可以选择颜色、排气量、音响规格、轮胎、灯光、防护装置、定速巡航、自动泊车、智能驾驶软件等。
- 定制产品的采购：定制产品也称非标产品，例如定制家具、定制服装、建筑设计、工程设计等。

2.2.2　设计透明

设计透明主要针对定制产品的采购需求。对于个性化、定制化的需求，用户需及时了解设计过程和设计结果，其建议和意见也能及时得到反馈。当然，用户最好能参与设计过程。

设计透明包含设计方案、设计能力、用户参与设计 3 个层次，如图 2-6 所示。

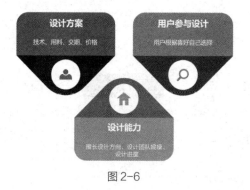

图 2-6

设计方案，又包括设计技术、产品用料 、交期、价格等要素，如图 2-7 所示。

图 2-7

设计能力，包括擅长的设计方向、设计团队规模、设计进度等。

用户参与设计，指设计方案可选择、设计方案在线可穷尽、设计可参与、智能推荐、智能辅助设计等。图 2-8 所示为用户参与设计家具的流程。

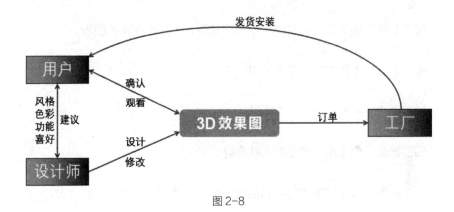

图 2-8

2.2.3　制程透明

制程透明，指制造过程对用户透明，包括制造工厂、原材料、加工车间、加工工艺、加工批次、加工设备、加工人员和入库等，如图 2-9 所示。

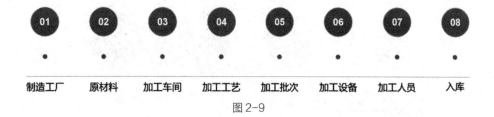

图 2-9

制造工厂：工厂名称、所在位置、工商税务信息、企业信用、社会责任信息、环保安保信息等。

原材料：原材料供应商、品质（原厂质检结果、来料检验结果）、批次（含日期信息）和用量等。

加工车间：加工工厂名称、加工车间名称、车间规模和产能等。

加工工艺：工艺方式、工位数量。

加工批次：批次日期、批次序数。

加工设备：加工设备的性能和状态等。

加工人员：加工过程中的所有相关人员，包括领料人员、发料人员、质检人员、入库人员等。

入库：入库时间、存放库位、存放时间、库位转移信息、盘点信息等；如果是冷链仓库，还要有仓库环境信息（温度、湿度等）。

2.2.4 交付透明

交付透明，是指用户能及时了解入库、发运、送货、收货、安装等过程，如

图 2-10 所示。

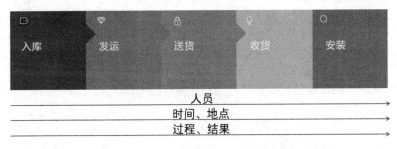

图 2-10

实现产品真正的追溯，包括何时、何订单、何车间、何机台、何班组、何人、何批次（原材料）等。

交付具体要在发货、物流、送货安装、验收等环节实现透明。

1. 发货

- 计划发货的时间：用户下达订单或签订合同后，就应知晓计划发货时间；如果是分批次发货，也应知晓每批次的发货时间。

- 计划发货的内容：每批次发货包含哪些产品和配件，如果是分包装发货，要告知用户总共分为几包，每包包含哪些产品和配件，必要时也要告知用户包装尺寸和重量等。

- 快递：包含快递号和快递公司。

- 运输公司：运输公司名称和运输模式，如空运、铁路运输、公路运输、水运等。

- 预计到达时间：让用户知道发货时间的同时，也要让用户知道预计到达时间，便于用户安排工作或生活。

- **联系人**：让用户明悉在收货前后，有任何问题可以直接联系联系人解决，尤其是当发货过程与计划偏差较大时，或者当用户收到的货物不符或受损时。

2. 物流

- **快递**：目前快递公司都能为用户提供详细的物流信息，如图 2-11 所示。

已签收			
2021-07-19	周一	08:03:57	商品已经下单
		10:55:37	等待揽收中
2021-07-20	周二	00:46:29	广州永泰的梁建[　　　15983]已揽收
		00:54:16	快件离开广州永泰已发往南京中转部
		02:38:03	快件已到达广州中心
		02:40:26	快件离开广州中心已发往南京中转部
2021-07-21	周三	01:01:09	快件已到达南京中转部
		01:48:43	快件离开南京中转部已发往南京河西二部
		07:15:52	南京河西二部的9号线嬴成[　　3610]正在派件（95720为中通快递员外呼专属号码，请放心接听）
		09:18:46	【代收点】您的快件已暂存至【丰巢的　　　三期22栋架空层3号丰巢柜(丰巢智能快递柜)】，地址：　　三期22栋架空层3号丰巢柜，请及时领取。如有疑问请电联：40006　　，投诉电话：025-588
		09:18:49	您的快件已存放至JS　　丰巢【自提柜】，请及时取件。有问题请联系派件员　　　3610
		10:48:17	已签收，签收人凭取货码验货签收。感谢使用JS　　丰巢【自提柜】，期待再次为您服务。

图 2-11

- **运输公司**：要让用户知道运输工具的编号，如航班班次、汽车牌号等；负责人员/运输人员姓名及其联系方式；运输路线；运输时间；中转站、中转时间及中转信息（确认无破损或无串货）；整车发运/零担发运；必要时让用户知道过程中每一阶段的费用。对于冷链食品或生鲜食品，应让用户知道运输过程中的温度和湿度，甚至让其可见产品的外观和状态。

3. 送货安装

送货安装透明，是指让用户提前知道送货时间和安装时间，便于用户安排收货或接受安装的时间，做到一次性收货和一次性安装完成，避免因多次收货或多次安装给用户增加负担、物流成本和人工成本。

4. 验收

验收透明，是指让用户知道验收标准、验收方法、验收时间和验收人员，使其参与整个验收过程，确认和认可验收结果。

2.2.5　服务透明

服务透明，是指让用户及时了解其在售前、售中、售后服务过程中的权利和义务，如图 2-12 所示。

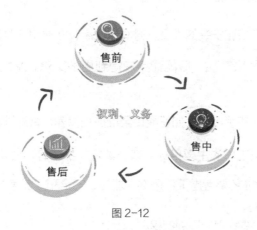

图 2-12

透明的服务需求包含以下内容。

- 多种渠道上报服务需求——便捷服务。

- 服务需求及时共享。

透明的解决方案包含以下内容。

- 解决方案在用户、渠道、企业内部透明。

- 解决时间在用户、渠道、企业内部透明。

透明的服务过程包含以下内容。

- 服务时间、服务人员。

- 服务质量、服务结果。

透明的评价包含以下内容。

- 评价公正。

- 评价公开。

另外，企业还需实现：

- 智能安排送货和安装的人员、时间与地点，方便用户收货、监督及验收；

- 智能推送关联产品，既能让用户得到更多实惠，又能扩大企业的产品销量；

- 提供智能化售后服务，如智能预警维护和保养、智能推荐使用频率等。

以上也是透明工厂的主要目标，即交期短、品质好、成本低、体验好。当然，除此之外，企业还要考虑工厂运维、能耗、安全和环保等方面。

更具体地讲，要给用户追溯的权利。

- 交易的追溯：上下游相关合同。

- 订单的追溯：上下游相关采购、生产、销售三大订单。

- 物料的追溯：上下游相关原材料、半成品和成品。

- 人员的追溯：上下游相关计划人员、生产人员、仓储人员、物流人员、送货人员、安装人员、质检人员、安全人员等。

- 设备的追溯：设备型号、运行状态、加工时间、加工结果（参数）、保养情况、维修情况等。

● 资金的追溯：上下游相关资金往来、发票、投资、担保等。

以此真正实现 C2M（Customer-to-Manufacturer，用户直连制造）。

2.3　与协作方透明

协作方包含供应商和工业互联主体，并且往往是多方。

供应商分为材料供应商、成品供应商、外协供应商，工程项目中还有分包供应商，在此归类为外协供应商。

只有让供应商了解生产计划，供应商才可以合理备料并安排生产和物流，这样不但能确保准时交货，而且能提升双方的库存周转率。供应商可以将成品直发客户工地/用户现场，以提升物流效率，缩短交期。双方系统打通，简化数据录入，防止人为差错，简化双方收发货的对账、开票和收付款的对账流程。如果启用电子签章和电子发票，过程会更简化，如图 2-13 所示。

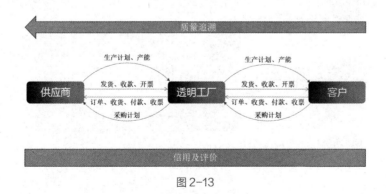

图 2-13

研发透明、工艺透明、生产透明、市场透明、营销透明，都可促进产品的升级改进和新产品的研发，同时也利于改善工艺。

信用透明、质检透明，可以简化商业合作模式、提升管理效率，同时可以实施供应链金融。

优选供应商，根据供应商评级、生产地点、交货周期、价格等综合决策，这一方法尤其适用于政府部门、集团公司或大项目的集中采购。又由于信息透明，企业可以快速搜集供应商信息，快速优选，极大地提升采购效率。

了解供应商的产能及目前的生产负荷，以合理安排订单，降低交付风险，尤其是外协供应商的生产过程，包括进度和质检（含原材料检验）。

2.4　与员工透明

这里所介绍的员工透明包含两个方面，一是企业对员工透明，二是员工对企业透明，即企业与员工双方相互透明，如图 2-14 所示。

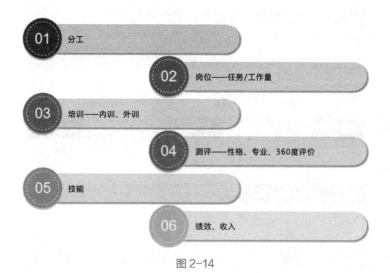

图 2-14

员工要在以下方面了解企业情况。

- 了解企业文化、规章制度、福利及生活配套等。

- 了解分工、协作。

- 实时了解自身的绩效和收入。

- 了解生产计划、备料情况（含原材料和损耗品）、设备状况、待处理的问题、待改进的工艺、意见和建议的及时反馈。

企业对员工可考虑在以下方面实现透明。

- 员工的背景，包括家庭情况、工作经历、社会经历（社会责任、法务和个人信用）、爱好等。

- 员工的测评（性格、专业、360 度评价等）。

- 员工的技能、培训（内训和外训）。

- 员工的岗位、考勤、工作量。

- 员工的升级、调岗、奖励、处罚。

- 员工的综合评价/等级。

- 员工的全生命周期管理。

2.5　与管理者透明

一般来说，工厂的管理者主要关心质量、交期和成本，具体包含以下内容。

- 生产计划执行情况，含产能、交期、质量、安全、物流等。

- 人效、物料（原材料、半成品、成品）、成本。

- 设备状态、能耗情况。

- 上游供应商，包括产能、交期、价格、质量、信用等。

- 下游客户/用户，包括市场、满意度、信用等。

- 数字孪生支持研发、质量管控、预警和优化决策等。

- 数字化赋能（人工替代、经验数字化、业务重构）。

为了实现上述目标，企业要做到研发透明、制造透明和交付透明，如图 2-15 所示。

图 2-15

2.5.1 研发透明

研发透明包括研发需求、研发能力、研发成本、研发周期及研发成果的透明，如图 2-16 所示。

图 2-16

研发需求包括新品需求和老品改进 / 升级需求。

研发能力包括研发技术、研发团队、研发效率（用料效率、人工效率、时间效率）。

研发成本包括研发场地成本、研发设备成本、研发人员成本、研发用料成本、研发管理成本等。

研发周期指从立项到发布投产的时间。

研发成果包括专利、著作权、产品设计文档 / 图纸、工艺设计文档 / 图纸、BOM（Bill of Materical，物料清单）、标准成本（材料成本、人工成本、固定制造成本、变动制造成本）等。

2.5.2　制造透明

管理者应及时了解生产过程，如排产计划、原材料品质、加工工艺、加工设备、加工人员、加工过程、质检、包装、入库、发运、物流、安全、能耗和环保等。在特定的行业，用户还可以参与检验。在这一过程中，有 8 个重点要素需要透明，如图 2-17 所示。

图 2-17

1. 人的透明

企业内部要实现组织及人的数字化，即某企业、某工厂、某车间、某班组 / 机台、某人的数字化，具体信息如下。

- 基本信息（电话、地址、学历、工作年限、入职年、家庭情况等）。

- 部门、岗位。

- 职业技能、测评结果。

- 教育/培训经历。

- 奖励/处罚（企业内外）、调动、升级/降级历史。

- 绩效。

- 360 度评价。

- 组织及个人的实际工作量。

- 在企业外部实现本企业与外部组织的数字化集成，外部企业包括人力资源中介（含劳务公司）、学校（职业技术、高等院校）等。

- 企业的用工需求。

- 企业的介绍（行业、规模、特点、核心竞争力、战略等）。

- 企业使命。

- 企业价值观。

- 企业战略。

- 企业文化。

- 企业的社会责任。

- 企业的制度（用人制度、五险一金缴纳制度、授权制度等）。

- 企业的福利（后勤保障、节假日福利等）。

- 企业的信用（财务信用、雇主评价等）。

人的管理归根结底是识人和用人，而管理的核心原则是公平和公正。企业只有解决不对称的痛点才能做到公平和公正。实现人的透明，正是对症下药的解决方案。

解决信息不对称的方法如下。

- 内部——上级全方位了解下级，包括下级的过往经历、需求、喜好、能力及特长等，确保分配公平、机会公平、评价公平、待遇公正。

- 内部——让下级实时了解政策、规定/规范、标准、权利、义务和自身的绩效（工作量、质量、安全、评价等），从而感受到公平和公正。

- 外部——企业实时匹配到需要的人，找到对的人。

- 外部——企业实时了解人的需求，直达对的人。

解决能力不对称的方法如下。

- 内部与外部——技能与岗位匹配，确保用对人。

- 内部——绩效与职位匹配，确保用对人。

- 内部——绩效与收入匹配，确保公平。

解决价值观不对称的方法如下。

- 内部与外部——进行测评和评价，确保选对人。

2. 设备的透明

设备的透明包括以下内容。

- 设备的品牌、规格、型号、配置。

- 设备的供应商、购置日期、价格。

- SOP（Standard Operation Procedure，标准作业程序）规范操作。

- 设备的加工情况。

  - 操作人。

  - 加工结果（加工时间、加工内容、加工参数、合格率）。

- 设备的运维情况。

  - 责任人。

  - 主动保养记录（日期、保养人员、保养时长、更换配件列表等）。

  - 维修记录（日期、维修人员、维修时长、更换配件列表等）。

  - 停/宕机记录。

- 设备的主要备件。

  - 供应商、单价及采购周期。

  - 目前库存（库位、数量）。

- 自动预警。

- AR（Augmented Reality，增强现实）专家辅助。

- 数字孪生。

企业进行设备管理的目的是减少宕机时间，延长设备寿命。

企业要做好设备管理，可以从以下方面入手。

- 规范操作，延长设备寿命。

- 加强主动运维，减少宕机时间。

- 合理安排生产，提高设备的利用率，延长设备寿命。

- 加强核心配件的管理，减少宕机时间，降低运维成本。

- 自动预警，减少宕机时间，降低运维成本。

- 做好历史维修保养记录，便于后期运维工作，也便于新人工作的交接。

- AR 专家辅助，使运维更简单、更科学、更规范、更高效。

3. 物料的透明

物料的透明分为原材料、半成品、成品的透明。

- 原材料的相关信息如下。

  - 原材料库位、库存、供应商、批次、规格型号、质保期等。

  - 原材料的采购在途。

  - 供应商的产能、交期、物流配送、交易模式等。

- 半成品的相关信息如下。

  - 半成品的库位、库存、车间班组、设备/模具、批次、规格型号、产能、合格率、质保期等。

  - 如果是委外加工，要有供应商、交期、物流配送、交易模式、加工模式等的透明。

- 成品的相关信息如下。

  - 成品的库位、库存、车间班组、设备/模具、批次、规格型号、产能、合格率、质保期等。

  - 成品的包装、产品码（定制产品还有序列号）、国标码（外贸产品还有国际码）。

企业进行物料管理的目的是加快物料周转，终极目标是实现零库存。

企业要做好物料管理，可以从以下方面入手：缩短原材料的采购周期，加快原材料的周转；确保原材料先进先出；缩短半成品（委外）的加工周期，加快半成品的周转；缩短成品的加工周期，加快成品的入库。

4. 计划的透明

对管理者而言，生产计划（以下简称计划）会包含产能、预测、排产、用料分析、计划执行等要素。

透明计划不但要对内部管理者实施，还要对上下游实施。一般来说，系统用APS（Advanced Planning and Scheduling，高级计划与排程）实现内部计划透明（见图2-18），SCM（Supply Chain Management，供应链管理）系统用于打通上下游。

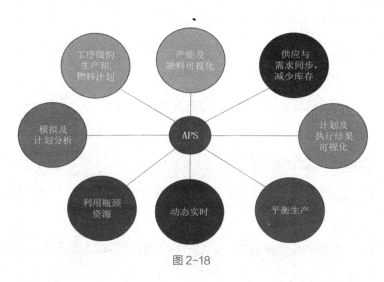

图 2-18

透明计划与上游供应商彼此透明体现在以下几个方面。

- 供应商提前组织生产，控制采购成本，确保交期。

- 供应商均衡生产，加快周转，提高生产效率，降低生产成本。

- 供应商合理安排物流，确保物流交付，控制物流成本。

- 合理选择供应商，合理分配订单，确保交期，控制采购成本。

- 加快周转，降低材料成本。

透明计划与下游客户／用户彼此透明体现在以下几个方面。

- 客户／用户知晓交期，预期明确不焦虑。

- 提升服务满意度。

- 增进对客户／用户的信任。

- 提升品牌影响力。

透明计划还要与工业互联主体彼此透明（见图 2-19），具体体现在以下方面。

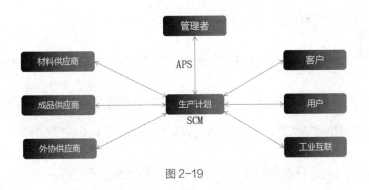

图 2-19

- 便于产业／行业的统筹，提升产业／行业的整体效率，如集中采购、集中推广、集中营销等。

- 便于产业／行业的（能力）重构。

- 便于产业/行业的整体信用提升。

- 便于产业/行业的分析、预测或决策。

- 明了在产业/行业中的优势或不足，保持优势，改进不足。

- 共享行业中的产能。

5. 质检、安全的透明

质检包括来料检验、半成品检验、成品检验。

实现透明质检的前提是自动化和数字化，简单的如利用条码、二维码、文字、生物识别等判断人和料的身份，复杂的如视觉识别，后者目前已成熟应用于纺织行业，可快速准确地识别布匹上的几十种缺陷，完全替代了人工。视觉识别在金属和塑料行业也有很好的应用，可识别金属或塑料表面的缺陷。此外，自动测量技术也很成熟，目前的 3D 自动测量可以做到精度 1 μm，间隔 0.6s，这种测量水平远远超过人工。

安全包括产品安全、人员安全、设备安全、环境安全。

产品安全是产品本身的安全，如汽车、飞机、轮船、医疗器械等的使用安全。

人员安全是员工在车间现场的安全，如是否按规定戴安全帽，是否按规定戴手套，是否按规定戴口罩，是否按规定戴防护镜，是否按规定操作等。

设备安全是设备本身的安全，如设备的工作参数是否正常，设备是否按规定保养，设备的运维是否专业，设备的关键配件是否合格等。

环境安全是指工厂工作环境的安全，如厂房、食堂、停车场、安全通道、工厂周边环境等的安全。

6. 能耗、环保的透明

能耗在很多工厂是成本的重要组成部分，能耗包括生产加工的能耗、储藏运输的能耗和安装运维的能耗。

环保包括原材料的环保、生产过程 / 环境的环保、成品的环保等。

7. 成本的透明

成本的透明包括透明的报价、透明的促销（折扣、返点、买赠、积分等）、透明的付款方式、透明的质保范围和质保期等。

8. 溯源的透明

内容与 2.2.5 小节类似，读者可回去翻看，此处不再重复介绍。

2.6　与监管方透明

监管方指行政监管部门和各级行业协会，如消防部门、环保部门、卫生监督部门、工信部门、数字商业协会等。

监管方制定了一系列的标准，有国家级的标准、省（区、市）级的标准、行业级的标准等，同时也会实时监测企业的相应数据。

企业要让监管方实时了解产品质量情况，如成品的检测标准、检测方法、检测时间和检测结果。尤其是食品、药品、生活用水等与民生和公共服务相关的产品，如果发现问题，要让监管方及时知道整改方案、整改时间和整改结果。

企业要让监管方实时了解企业的安全情况，包括企业生产环境安全和产品安全；如果发现问题，要让监管方及时知道整改方案、整改时间和整改结果。

企业要让监管方实时了解企业的环保情况，包括企业生产环保和产品环保情况；如果发现问题，要让监管方及时知道企业的整改方案、整改时间和整改结果。

企业要让监管方实时了解企业的能耗情况；如果发现问题，同样要让监督方及时了解企业的整改方案、整改时间和整改结果。

第 3 章

透明营销：全息呈现与无界直达的心智共振

20 世纪初，西方就已经出现了市场营销学的萌芽，但直到 20 世纪 80 年代，市场营销学才传入国内。此后，我国将市场营销学七八十年间的发展内容用了十几年的时间快速消化。随着经济的发展和企业家的探索，我国企业家将营销理论转化为更适合我国国情的本土化实践，出现了"大传播""渠道为王""品牌至上"等独具特色的营销代际。

伴随互联网技术的快速普及，网民的数量连年攀升，线上购物已经成为常态，移动支付也成了主流支付方式之一。人们的消费生活越来越趋向数字化，企业的营销实践也逐渐向数字化靠拢，网络营销成为企业营销的重要一环。企业运用大数据和互联网技术，获取用户的各方面数据以形成用户画像，系统自动向用户推送其感兴趣的内容，为企业提高营销的精准度提供了技术支撑。互联网平台造就的 KOL（Key Opinion Leader，关键意见领袖）等为企业的营销推广开辟了新路径，近年来大火的直播带货也成为企业网络营销的新潮流。

然而，在互联网环境下，新的适应我国市场情况的营销理论尚未形成，市场营销的困局却接踵而至，消费细分不断加剧，用户的可选择范围不断扩大；"爆款"在一夜之间被大量复制，产品创新的收益不断降低；数字媒体环境混乱，数字广告花样繁多但效果不明显，获客成本却持续增加；数据造假，复杂、不透明、欺诈性的流量混淆视听；"网红"营销带来的流量和热度迅速消退；品牌受社会舆论的影响越发明显，一条不恰当的言论就可能导致品牌被全网抵制，企业面临巨大损失甚至可能被迫退出市场。

是什么造成互联网环境下企业新的营销困局？简单来说，是消费智慧的增长和企业营销能力的停滞。消费智慧的增长是由于互联网与社会化媒体的发展，企业与用户之间的信息沟通方式发生了变化，企业被用户选择，也被用户拷问，用户随时都可以改变自己的选择甚至发表自己的不满，并且利用社会化媒体进行扩散，从而给企业带来负面影响。企业营销能力的停滞体现在大多数企业还在用传统的市场营销方式来应对新的市场变化，促销战、广告战、终端战和价格战仍然是市场竞争的主流。部分企业甚至依然试图用广告和推销等方式将精心包装的信息植入用户脑海，影响用户的判断，这些企业自然会被互联网环境下的智慧消费所摒弃。

"不透明，不公开，不信任"可以说是互联网环境下企业面临营销困局的根本原因，而"透明营销"正是帮助企业走出困局，与用户建立信息对称、能力对称、价值对称的有效方式。透明营销意味着企业需要将用户关注的信息尽可能全面地披露，需要向用户传递专业知识，让用户更深层次地了解企业；透明营销意味着企业需要与用户建立更直接通畅的交流方式，让用户需求最大限度地引导产品和服务的形成与改进，让用户得到更大的满足；透明营销意味着企业需要让用户的权益得到更明确的体现，甚至有机会监督企业，从而提升用户信心，得到用户的认同。透明营销对于企业来说既是品牌沟通形式，也是市场营销方式，更是一种企业价值观的体现。在互联网环境下，"透明"将成为企业开展市场营销的制胜法宝。

3.1　打造透明的产品

产品是满足用户需求的根本，让产品透明在透明营销中是最易理解，也是最好实现的。产品存在的目的和价值都依赖于人，更确切地说是依赖于人的需求，离开了人也就没有所谓"产品"的概念了。产品透明就是需要企业读懂用户，发现需求本质，了解产品和需求之间的对应关系，采用互联网手段持续地与用户沟通，让双方对产品和需求有统一的理解，在信息上尽可能对称，从而使产品在功能、工艺、质量、感官、价值等方面最大限度地匹配需求，以带动用户产生购买行为。

在互联网时代，用户获取与产品有关的信息和知识的途径不断增加，他们会主动通过各种可能的途径获取与产品有关的信息并进行分析比较，降低风险和购买后后悔的可能。但用户的实际判断和选择却越发困难，造成这一现象的原因有 3 个：一是海量信息干扰，用户购买的风险随着选择的增多而上升；二是大多数用户本身缺乏足够的专业知识来对产品进行鉴别和评估；三是用户的实际需求和产品的响应方式之间存在严重错位。

企业需要借助互联网信息工具，使用户深入了解产品，从而降低用户的购买风险，提升产品满足需求的精准度。

3.1.1 功能明确

通常来说，产品功能是指产品能够做什么或能够提供什么功效。用户购买产品，首先是购买产品具有的功能，其购买动力就是对产品各种功能的需求。因此，产品首先要实现功能的透明。

1. 触达需求

很多时候，企业为了避免"闭门造车"，一定会想尽办法从用户那里获取需求，但是很不幸，用户喜欢给出一些人云亦云的"功能性需求"，而不是真正的"本质性需求"。比如，用户 A 希望你的 App 能新增一个比价功能，而用户 B 希望 App 总能提供优惠券。因此，企业需要不断拷问自己，哪个才是用户的真正需求？换位思考是必须的，并且需要不断的沟通和追问才能触达根本。

2. 清晰实现

随着电子信息科技水平的提升，产品的数字化和智能化特性愈加显著，仅靠简单的产品说明书或是官方网站的力量难以实现对产品功能的清晰呈现。因此，越来越多的企业建立了自己的多媒体渠道，抖音、快手等视频社交网络媒体成为呈现产品功能的绝佳选择。让产品在场景中呈现是第一步，它可以简明地告诉用户怎么使用产品，使用效果如何；让产品以用户视角呈现是第二步，不是只有"网红""大 V"和主播才能为产品代言，视频社交网络媒体上的大大小小的用户都可以为产品做展示。例如，某个国内运动品牌定期向抖音、快手里拥有一定影响力的运动爱好者、运动员赠送运动装备，这些行为不需要刻意而为，就能够精准地在用户群体中传递自己的产品信息，从而建立优质的产品形象。

3. 借助平台

面对用户复杂的需求，产品的细分程度越来越高，即便是多功能产品，用户心中也有明显的倾向性。以智能手机为例，普通的接打电话、收发消息、App 等不再是用户关注的重点。女士们倾向于选择自带滤镜、表情包、新概念萌拍等功能的美颜手机，音乐爱好者们倾向于选择支持多种音乐格式且音质较好的音乐手机，游戏爱好者们倾向于选择处理器功能强大、容量超大、散热性能好的游戏手机。但是在购买的时候，用户不会听取厂商的"一面之词"，而是会借助第三方的评价，产品的价值越高越是如此。手机、计算机、汽车、房产等产品，没有经过多平台的信息比对，用户是不会轻易入手的。以家用汽车为例，懂车帝、汽车之家等 App，从汽车的安全性、舒适性、经济性、维修和保养等方面做了全方位的实景测试，对现行市场上的上千种家用汽车做了同价位比对。用户在选购汽车的时候可以结合自己的需求进行选择，较多用户很可能因为第三方的测评结果改变最初的选购意向。因此，企业需要主动加入第三方平台，展现自己的产品在细分领域的功能优势，借助第三方平台的力量完成与用户全方位的信息交互，从而找到真正认同自身产品功能和价值的用户。

2019 年，由国内知名媒体与服务平台懂车帝打造的汽车评测体系正式发布。在该体系下，懂车帝评测团队针对热门新车进行性能、配置、空间、油耗等诸多维度的基础评测。此外，懂车帝在业内首创定制化视频评测节目，针对不同车型的特点及用户关注点来设计专属评测场景，为用户提供更加直观和实用的购车参考信息。

把数据的客观、准确性放在第一位，是懂车帝汽车评测体系的基础要求，如图 3-1 所示。一辆车的完整评测，包括车辆动力性、制动性、操控性、安全性、舒适性、燃油经济性、储物空间、装载能力、科技智能化水平等多个指标，不仅包括数据，也包括专业人员在深度体验之后的评价。严苛的评测流程是保障，为了保证专业性，懂车帝制定了严格的"相同原则"：不但评测标准、方法、场地、设备相同，而且同类型评测项目的评测人员也相同。

随着科技的发展，国内的汽车评测体系也取得了长足的进步。以往的评测体系中，评测内容大多以图文的形式呈现，消费者通过阅读数据和结论获取信息。现如今，在此基础上，懂车帝充分发挥其视频化优势和大数据优势，洞察消费者关注点并将其与车型特点相结合，首创定制化视频评测节目，使汽车评测体系向纵深、直观的方向发展。

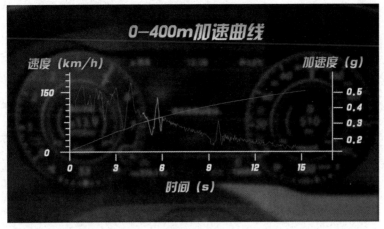

图 3-1

3.1.2　成分准确

如今，人们对产品的成分、材料及其生产和流通过程的细节越来越重视。在互联网市场环境下，这一要求已经延伸到了洗化、服装、家居、装修等领域，成分透明无疑是品牌取得用户信任最直接的方式，但是这说起来简单做起来难。

1. 原材料

产品的原材料可能有很多，但是真正影响用户体验和实际购买意愿的一定是其中最关键的部分。企业首先需要找到用户真正的敏感点，其次做出合理的决定和行动，最后将结果展现在用户面前。例如在食品领域，用户最关心的是食品是否无毒、无害，其次是否符合营养要求，那么用户对食品的成分透明的要求就是全方位的。又如在家具领域，用户最关心的是环保健康，因此，木料板材的成分及油漆用料等一定是用户最关心的部分。

2. 原产地

对于产品透明的要求，会向供应链上游升级，例如蒙牛将"奶源管理＋智慧供应链"作为企业的核心营销内容，它有一段经典的广告宣传："中国乳都核心区和林格尔，依托北纬 40 度左右、中温带暖湿季风性气候、世界公认的优质奶源带等一系列得天独厚的优势自然条件，提供了市场稀缺的高品质奶源。"对产品原产地的详细说明能够进一步增强用户对企业的信任，这种信任甚至能够向企业的其他产品和服务转移。

3.1.3　工艺清晰

提到工艺，就不得不提到农夫山泉。"我们不生产水，我们只是大自然的搬运工"已经成为大家耳熟能详的广告语。农夫山泉一直用生产工艺的透明来支撑企业"环保、天然、健康"的理念，任何游客都可以进入工厂参观，了解农夫山泉产品的生产全过程。如今，工艺透明已经不再是新鲜话题，工艺透明的实现虽然对企业来说相对复杂，但是在市场竞争环境中，它能够进一步提升用户对产品的关注度和参与感，大大提升用户体验，进而影响用户的购买行为。

1. 找到关键工艺

产品的生产工艺纷繁复杂，但并不是每一道工序都是用户关心的，工艺透明要求企业首先要找到用户关心的关键点，并将其完美地呈现在用户眼前。例如农夫山泉这样公布水处理环节："在水处理车间，原本已经可以直接饮用的千岛湖30 米深处的天然水，经过了砂滤、碳滤、超滤膜等多道物理滤净程序，原水中的钾、钙、钠、镁、偏硅酸等天然矿物质得到了保留。"这一关键工艺，大大增强了用户对农夫山泉的信任程度和价值认同。

2. 找到公开方式

让用户进入工厂参观虽然是最直接的公开方式，但并不是每个企业都具备这样的条件。因此，企业需要找到合适的方式让关键工艺公开透明，让用户能够随时了解想知道的工艺信息。录制和传播工艺短视频是一种方式，这在抖音、快手等视频社交网络媒体中已经屡见不鲜。

3. 增加用户参与感

早在 2014 年，小米联合创始人黎万强在《参与感：小米口碑营销内部手册》中就提出，在产品的设计过程中，企业想要找到用户的隐性需求，设计出更符合其情感体验与社会性需求的产品，就必须增加用户参与感。今天的用户参与感已经不再仅局限于产品的设计环节，在产品的生产和营销过程中同样需要增加用户参与感，尤其是在某些个性化的环节。戴尔计算机不仅提供了硬件组合功能，还让用户参与设计自己的铭牌。丹麦的珠宝品牌潘多拉在提供标准化产品的同时，允许用户根据自己的喜好和需求进行 DIY（Do it Yourself，自己动手制作）。各种蛋糕制作、奶茶制作已经使产品生产与用户体验深度融合，视频社交网络媒体更是将内容生产的权力完全交给用户。用户参与产品生产过程并非偶然，而是数字时代用户个性化需求的深度体现。打造没有"围墙"的企业，让用户参与其中是让工艺透明的最好方式。

3.2 消费透明

消费环节能极大地影响用户的体验和再次购买的意愿。在当下，消费几乎已经完成从传统互联网向移动互联网的转移。移动互联网环境下消费更加"立体"，它将互联网消费与本地消费相融合，让线上消费和线下消费交互进行。在移动互联网消费模式下，用户不单依赖自身的喜好与经验，还会依赖大众评价来判断是否购买。促销对用户的吸引力越来越弱，而服务水平则越来越被用户看重。特别是在各类第三方平台的评价和监督之下，消费信息不对称的现象逐渐消失，企业必须通过增加服务透明度来保障用户权益。

过去，每年的 3 月 15 日前后都是各类媒体、企业、用户非常忙碌的时候，因为在这一时期，假冒伪劣、霸王条款、用户维权等问题成为人们关注的热点。当下，随着微博、微信、今日头条、抖音、快手、知乎等媒体的覆盖面越来越广，每个人都可能成为自由发现、自发连接、自主发布的主体，消费维权不再依赖于某个主流媒体或社会组织，用户个人和社会大众的意志得到最大限度的体现。

消费透明就是要将用户权益公开化、服务过程透明化、消费体验显性化，从而降低用户的购买疑虑，增强用户的消费黏性。消费透明不仅能保障用户的利益，更能降低企业的经营风险。

3.2.1 保障消费者权益

消费者权益是指消费者在有偿获得商品或接受服务时，以及在以后的一定时期内依法享有的权益。1993 年 10 月 31 日，第八届全国人民代表大会常务委员会第四次会议通过《中华人民共和国消费者权益保护法》（以下简称《消费者权益保护法》），该法首先确立了消费者的知情权、平等交易权、依法求偿权等。2014 年 3 月 15 日，新版《消费者权益保护法》正式实施，重点提出了互联网市场环境下消费者的"后悔权"、信息保护权、精神损害补偿等，对消费者权益的保护进一步增强。这里探讨的权益透明不是企业应该如何遵守这些法律规定，以保护消费者权益，因为这是所有企业必须做到的。我们更希望企业能够从用户的立场出发，帮助用户更好地了解和使用自己的权益，并且充分感知企业为保障用户权益所做出的努力，从而进一步提升消费体验，建立信任关系。

1. 帮助用户了解权益

用户购买的产品和服务品类多、范围广，通常不会对其做特别深入的研究；而企业对自身产品和服务的研究可谓细致入微。双方对产品和服务的了解存在巨大的差异，再加上科学技术的飞速发展、生产技术和工艺的日益复杂，用户越来越难以对所购产品和服务的品质做出判断，消费风险大大增加，购买疑虑重重加深。以寿险产品为例，厚厚的寿险合同里充斥着各种赔付触发条件和免责条款，普通用户对此往往是望而生畏。注重用户体验的保险公司往往能够通过多种手段增进用户对保险条款的理解，以消除用户的抵触情绪，增强用户的购买信心。例如：保险公司根据用户自身家族病史帮助用户分析未来患病的可能性，以此为引，专业解读对应的保险赔付触发条件、赔付方式、赔付金额等，以增进用户的理解；保险公司会搭配甚至赠送一些日常病患险种，通过即时赔付增强用户的信心。而我们知道，这类消费一旦形成，就是长期捆绑性质的，除非出现特别大的问题，否则不会轻易解绑，因为复杂性是限制消费转移的一道壁垒，用户再选择的成本难以估量。所以越是复杂的产品和服务，企业越是要在初期就从用户的角度来考虑问题，帮助用户理解，增强用户信心。

2. 降低用户后悔成本

试用体验是企业走近用户、倾听用户、服务用户、与用户零距离接触的一种方式，更是帮助用户深入了解产品和服务，降低用户后悔成本，与用户建立信任关系的一次机会。传统线下商户可以通过"试穿、试用、试吃"活动增强用户试用体验，这已经不再新鲜。而互联网环境下的试用体验，则必须是企业和用户互动进行的。例如：美妆行业的新产品体验通常由主播展示产品、赠送小样，以及由现场美妆师进行专业试妆，帮助用户了解产品，以保证用户购买后不后悔；旅游供应商会主动展示第三方平台对旅游产品线路、景点、食宿、服务的评价，邀请用户撰写旅游体验、旅游攻略，发布关于旅程的精彩视频，以帮助用户找到适合自己的旅游产品且不会后悔；网购中的"7 天无理由退换货"和购买金融保险、理财产品的 10 天"冷静期"，既是法律规范，又是企业帮助用户了解产品和服务、增强消费黏性的一次机会。

3. 主动帮助用户维权

企业面临由于管理不善、遭遇恶意破坏和外界特殊事件的影响而产生的危机时，要进行"危机公关"，即针对企业危机采取的一系列自救行为，包括消除影响、恢复形象等。在当前自媒体高度发达的环境中，企业一切掩盖性的行为都将被用户所知晓，从而造成更大的危机。而用户在意的是什么？是自己所在群体特别是弱势群体的利益不受侵害，所以企业在面临危机时第一时间应该关注用户的基本权益有没有受到侵害，如果有，应迅速行动并公开补救措施，避免不利影响扩大，从而维护企业的形象。被动应对始终不是最好的办法，更为有效的是企业想尽方法帮助用户维护自己的权益，挖掘消费过程中可能存在的风险点，并采取公开透明的措施让用户提前知晓自己的权益可能会在哪里受到侵害，保障用户权益不受侵害。

"透明计划"是由亚马逊推出的一项商品追踪和鉴别真伪的服务，它对每一件商品进行追踪，从而保护品牌商和消费者免受假货的侵害。品牌商参与该计划，可以获得防伪保护，帮助消费者验证商品真伪，并为消费者提供更详细的商品信息，如图 3-2 所示。

- 每个"Transparency"代码都是唯一的字母数字非连续代码，只能由"Transparency"项目生成和发布。

- "Transparency"会持续追踪每个代码及其发布的品牌和商品。

- 品牌将唯一的"Transparency"代码应用于其生产的每件商品。

- 亚马逊在其运营中心扫描"Transparency"代码，以确保仅向消费者配送正品商品。亚马逊会对未通过"Transparency"检查的商品进行调查。

- 消费者可以使用亚马逊购物应用程序或"Transparency"应用程序来鉴定从任何渠道购买的商品。

- 品牌可以选择在消费者扫描时与其分享大量单位级商品信息，包括生产日期、生产地点和增强版商品信息（例如，原料成分）。

图 3-2

品牌商参与亚马逊透明计划之后，品牌商再往亚马逊发货时，就需要贴上亚马逊发放的二维码贴纸，这个二维码包含了品牌商的商品信息，没有被授权的品牌商是无法获得这个二维码贴纸的，如图 3-3 所示。

- **向品牌提供主动的防伪保护：** 亚马逊已在其运营中心实施"Transparency"检查，从而确保向消费者配送的已启用"Transparency"服务的商品都是正品。

- **使消费者可以验证商品真伪：** "Transparency"可让消费者鉴定他们从任何渠道购买的已启用"Transparency"服务的商品的真伪。

- **提供消费者透明的商品信息：** "Transparency"使品牌可以分享大量单位级的商品信息，包括生产日期、生产地点和增强版商品信息。

图 3-3

3.2.2　公开价格相关信息

很多产品在市场上没有统一定价，普通用户很难凭肉眼辨别产品的优劣甚至是真伪，产品的价格也可以随意切换。以床上用品为例，一套造价 1000 元的床上用品，凭借一些比较前卫时尚的理念，动辄标价数千甚至上万元。为什么会出现这一现象？因为这些行业是较为封闭的，没有相对统一的定价标准，品牌溢价加上人为赋予的夸张的功能性，最终导致商家打出超高的价格。然而随着获取信息渠道的不断增加，用户选择的范围越来越广，对此就越来越不买账。甚至有一些品质上乘的产品，因为身在某个不透明的行业，定价稍高就会遭到用户的质疑，要么销量下跌，要么一再降价，从而陷入降成本、拼低价的泥潭。因此，企业让产品价格透明，不仅能得到用户信任，即便合理溢价也更易被用户接受。

1. 明码标价

价格不透明，信息不对称，这些势必会影响用户对企业的信心。在市场竞争日趋激烈、同质化产品不断增多、消费转移普遍存在的形势下，产品和服务明码标价，摧毁价格不透明体系，是企业的破局之道。要明码标价的，不单是产品和服务本身的价格，也包括产品和服务的折扣价格（原价和折扣价）、附加或增值产品和服务的价格、产品试用过程中的后续服务价格等。例如，在家用汽车行业，需要明码标价的不仅是汽车本身，也包括汽车金融服务、汽车保险、汽车维护和保养，甚至是某些关键零部件的价格等，这样才能打破用户的疑虑，让用户对产品和服务有信心。

2. 定价规则明示

定价透明指产品和服务的定价过程透明，让用户信服。例如，某些网约车平台的抽成超过 20%，有时甚至高达 50%，也就是说乘客支付的车费中，最多将近一半被平台抽走了。如此高的抽成比例引发了司机的不满，也让外界质疑。面对抽成过高与抽成规则不透明的质疑，网约车平台回应称，网约车司机的收入占比总体为乘客应付金额的 79.1%。平台抽走的部分，扣除各项成本和税费，最终属于平台的净利润只有 3.1%，但是这一解答并未得到网约车司机和社会大众的认可，希望网约车平台公开抽成比例和构成的呼声越来越高。当下，用户参与燃气、地铁等公共服务行业的产品和服务的定价已经是普遍现象。公开定价、用户参与、媒体和社会监督已经逐步成为定价透明的基本形式。

3. 成本公开

成本透明，意味着将产品和服务的成本完全公开。以家装为例，成本透明就是将建材成本、辅料成本、人工成本、税务成本、商家利润等构成价格的因素一一列举出来，让用户对产品和服务的成本构成一目了然，明确告诉用户所购产品和服务的成本是多少，又是如何定价的，让用户的每一分钱都花得明明白白。

2021 年 7 月 1 日，云南省旅行社协会发布"2021 年旅行社云南旅游产品参考成本消费提示"，明确 16 人以上旅游团队的房、餐、车等分项参考成本和一日游、多日游等产品的参考成本构成。该消费提示不仅对旅行社的宣传、销售进行指导，有效预防了"不合理低价游"产品，也为游客选择云南跟团游产品提供了参考。

房费方面：一／二星级、三星级、四星级酒店标准间的房费分别为平季价每人每天 40 元、60 元和 120 元，旺季价每人每天 60 元、80 元和 150 元；五星级酒店标准间的房费则参照各州（市）五星级酒店价格执行。

餐费方面：团餐餐费参考成本为每人每餐 25 元，导游服务费、管理费等综合服务费参考成本为每人每天 30 元。

车费方面：以 32 座旅游大巴为基准，根据团队人数情况，平季价每人每天 40 ~ 50 元不等，旺季价每人每天 55 ~ 65 元不等。

发布"2021 年旅行社云南旅游产品参考成本消费提示"是在 2021 年疫情防控常态化背景下，进一步规范云南旅游市场秩序，提升旅行社旅游服务质量，提高旅游团队游客体验满意度，守护好云南旅游的金字招牌的一项有力举措。

3.2.3 过程透明

随着电子商务的普及和线下行业的 O2O（Online to Offline，线上到线下）转型，以往隐藏在背后的服务流程受到越来越多用户的关注。例如，用户在电商平台购买产品后会关心商家是否接单、是否发货，货物到了哪里，哪天能够到货。又如，用户在网上预约旅游产品必然会密切关注是否成团，行程是否有变，当地天气如何，需要做哪些准备等。过程透明，顾名思义，就是企业要让隐形的服务显性化，让用户了解产品交易和服务过程的具体细节，对服务的每一步都心知肚明，从而打消用户的疑虑，提升用户的安全感和价值感。

1. 流程标准

流程标准是产品流转和服务过程透明的基础，只有建立在用户认可的标准之上的透明才是用户能够感知、接受和认可的。流程标准可以从不同的角度进行。一是步骤标准，即产品交易和服务过程的顺序，每一步必须完成的任务等都有一定的标准。例如，电子商务中的用户下单、订单确认、用户付款、商家发货、物流揽件、物流运输、入柜送达、用户确认等，每一个步骤都应有相应的标准和节点确认。二是内容标准，内容标准在产品交易环节中表现为付款的安全可靠、产品的质量、物流的时间等都有衡量标准；在服务的环节表现为服务的内容和质量，以及服务人员所展现出来的仪表、语言、态度和行为等都有衡量标准。三是结果标准，即衡量产品交易或服务内容是否完成的标准，以及后续的评价和处理方式。只有在流程标准建立之后，企业才能够进一步确认用户关注的内容，进而通过互联网工具向用户一一呈现，达到过程透明的目标。

2. 过程可视

产品交易和服务过程可视是指通过使用某些工具和方法，使原本不能被用户直接观察的产品交易和服务过程变得可见、可观察。比如，美团开发了 O2O 即时配送智能调度系统。系统首先通过优化设定配送费和预计送达时间来调整订单结构。系统在接收订单之后，根据骑手位置、在途订单情况、骑手能力、商家出餐时间、交付难度、天气、地理路况、未来单量等因素，在正确的时间将订单分配给最合适的骑手，并在骑手执行过程中随时预判订单超时情况，据此动态触发改派操作，实现订单和骑手的动态最优匹配。同时，系统派单后会向骑手提示该商家的预计出餐时间和合理的配送线路，并将配送时间和骑手位置全程显性化呈现，使用户即时可见，大大减少了用户等待时的焦虑感，提升了用户体验。

3. 结果可查

结果可查，是指产品交易和服务过程的结果可查询且过程可回溯。一件产品如果没有被准时送达，用户需要知道产品具体在哪里，是否投递错误，过程中哪个环节出了问题，应当如何处理等。一项服务没有完成或者用户不满意，企业需要回溯整个服务流程，找到问题所在。这就要求商家要有完整的交易记录、服务记录、签字确认记录等，而这些通常都在线上进行。金融理财、大件产品交易甚至要求有完整的录像、录音，以确保双方对交易内容和交易过程的确认，避免出现各种纠纷。

4. 交互通畅

"交互式服务"是指建立用户与商家、平台之间的交流渠道，以确保需求的不断确认和服务的敏捷响应。用户通过交互式服务不仅可以获得相关资讯、信息或服务，还能进行用户与用户之间或用户与商家之间、用户与平台之间的交流与互动。这种互动是十分必要的，特别是在某些在线消费环节。例如，用户购买了一款产品，很可能涉及具体颜色、尺寸的确认和更改，还可能需要商家搭配某些辅助产品或服务；用户购买的产品与预想的有差异时，需要商家解答疑问或者退换货；用户对产品或服务不满意时，需要反馈意见。这些都要求在平台、商家与用户之间建立横向贯通、实时应答的交互机制。首先，平台和商家要给用户提供明确的反馈渠道，甚至主动邀请用户反馈，比如邀请用户对产品和服务进行点评、提供专属客服、建立用户意见团队等。其次，平台和商家要提供便捷的用户反馈方式，避免让用户填写大量的文字，最好通过勾选选项、拍照就能够完成反馈。最后，做好实时应答。用户提出意见，必然希望响应越快越好，尤其是当产品和服务引起用户投诉的时候，如果用户没有得到及时应答，可能会导致更多的不良影响。当下，AI 机器人基本解决了敏捷回复的问题，它可以模拟真人理解和解决用户的问题，具备自动容错、纠错的能力。面对千变万化的口语化表达，AI 机器人和真人的回复差异不大，能够消除用户的不适应感；并且能够基于语义分析进行机器学习，实现举一反三，不断优化自身应答内容。最重要的是，AI 机器人能够代替人工实现 24 小时瞬时回复，做到及时响应。

2018 年 3 月，京东正式发布"京伞计划"，旨在联合全行业全面提升家电行业的服务水平，与合作伙伴共同打造家电服务生态，在家电行业构建起行业、制造商、服务商和消费者多方共赢的生态，推动家电行业进入全新的"无界零售"时代。京伞计划通过售前、售中、售后及全流程服务口碑四大类别，将服务具象化、数据化、可视化，通过最直观的信息数据与口碑排名，全面推动行业服务水平的提升，为消费者打造全透明服务平台，一站式解决客户服务问题。

随着消费者对售前客服的期望值在不断提升，京东家电推出专门针对售前客服的 Artemis 系统。该系统会根据客服人员的角色和属性放大其权限，提升客户服务质量，全面提升客服人员的积极性，确保消费者售前咨询的准确性与实用性。

京东家电不仅通过 Artemis 系统调动了客服人员的积极性，还推出了针对品牌商的品牌管家系统。这一系统基于京东前、中、后台系统体系，以强大的数据为支撑，向品牌商开放京东的客服、订单、配送、安装、售后、评价等重点业务系统模块数据，通过对用户画像与行为进行分析，让品牌商的服务更加有的放矢，帮助品牌商简化服务流程、提升客服人员的工作效率。此外，为提升京东家电的服务质量，让消费者享受到更好的服务，京东家电会在 Artemis 及品牌管家两个系统内针对各项服务指标进行排名管理并形成一套完整的、可执行的家电服务口碑评价体系，对消费者公示品牌口碑，让消费者更简单清晰地了解哪些品牌商更值得信任，从而推动品牌商改进服务质量，促进消费体验的整体提升。

针对售后服务流程烦琐这一情况，京东家电在 2017 年底推出了新的售后服务流程。根据新的售后服务流程，消费者只需要在京东家电前台页面发起售后申请，京东家电就会全流程一站到底跟进服务。服务单流转环节和服务人员个人信息、联系方式等都会在服务单页面同步展示给消费者，让消费者无须追问就能一目了然地掌握服务进程，极大减少了消费者在家电后期服务方面消耗的时间和精力。数据证明，京东家电新的售后服务流程使客户端整体服务效率大幅提升。

同时，京东还对原有的家电服务项目进行了升级，为消费者提供更多更完善的解决方案，例如只换不修、售后到家、京东代送修、运费险、发生退换货时无须支付物流费用等。

3.3 品牌透明

随着数字化时代的到来，品牌的发展也进入了一个新阶段。农业时代是地域品牌时代，自发演化是品牌形成的主要模式，口口相传是品牌传播的重要途径；工业时代是知名品牌时代，美誉塑造是品牌打造的主要方法，大众传媒是品牌推广的重要方式；互联时代是差异品牌时代，核心优势是品牌建设的主要路径，互联网媒介是品牌渗透的重要手段；数字化时代是透明品牌时代，个性追求是品牌塑形的主要特性，数字化技术是品牌成长的重要助力。

3.3.1　价值主张

数字化时代是商品爆炸的时代，也是信息和技术爆发的时代。数字化时代下，品牌特色、品牌与消费者的关系、品牌的社会角色等将进入新的发展阶段。透明，将成为数字化时代品牌的重要标签。

1. 品牌认知

数字化时代是从消费升级到消费者升级的时代。从"我给"到"我要"，是"我要选择谁"到"谁更适合我"的消费理念的转变，消费者对品牌的认知将会从"教育式"的占有转变为"个性化"的选择。品牌将从以产品为中心转变为以用户为中心，从基于事物的商业模式转变为基于关系的商业模式，从品牌信息的不透明转变为品牌认知的透明。在数字化时代，品牌不再只是视觉、语言、概念的传播，而是消费者满足感知、体验、互动的渠道。

2. 消费需求

2010 年以来，中国奢侈品市场规模从高点一路下滑，2014 年甚至出现了负增长，消费者对于生活美学的追求开始胜过品牌效应的影响。一些倡导品质生活方式的品牌进入高速发展阶段，同时催生了网易严选、小米有品等主打简约风的渠道电商。品质消费已成为主流消费理念，消费分级已成为主流消费趋势。

3．品牌画像

数字化时代之前，品牌几乎都是从产品入手，先确定"生产、销售什么产品"之后，才开始打造品牌。数字化时代，随着大数据和 AI 分析等数字化技术的发展，品牌能够捕捉的与消费者有关的数据的深度和广度有了质的提升，这对品牌画像有极大的赋能效果。品牌画像从以产品属性为核心转变为以消费属性为核心。在数字化技术的帮助下，基于目标受众的数据分析，品牌画像更加清晰透明，从"我是什么品牌"的自我画像转变为"我要成为什么品牌"的消费者画像。

喜茶在许多年轻人心中是一个很前卫、有个性的品牌，深受众多年轻人的青睐。其实在早期，喜茶也曾先从产品入手，首创了"芝士奶盖茶"并大力推广"喜茶是芝士奶盖茶的首创者"这一概念，强调"芝士奶盖茶有别于市面上的传统奶茶茶饮，专注于呈现来自世界各地的优质茶香，让茶饮这一古老文化焕发出新的生命力"的理念，这虽然掀起了一阵奶盖风潮，但消费者也很快失去了新鲜感。喜茶意识到任何产品的寿命都是有限的，奶盖茶也终会过时，于是把品牌画像从"年轻化、时尚化茶饮"调整为"年轻化的茶饮文化"，宣传语也调整为"一杯好茶，激发一份好灵感"，并围绕新的品牌画像凝聚喜欢该定位的消费者，打造了自己的粉丝群体。

4．品牌营销

依托数字化技术的感性数据获取和 AI 分析，数字化时代的品牌营销模式更加清晰透明。品牌营销的竞争模式从**围绕产品属性的品质更好、功能更多、种类更丰富转向围绕消费者需求的更适合、更个性、更有意义。品牌营销已经从"卖产品"转变为"卖生活"。**

无印良品诞生于日本，主营生活杂货、食品等各类产品。"无印良品"是指"没有名字的优良产品"。无印良品简朴的产品设计结合了实用性，于看似无为中呈现自然的包容，让消费者在与其接触时产生对生活的思考。

日本平面设计师原研哉在他的著作《设计中的设计》中提到：无印良品的理想，是它生产出来的产品一旦被消费者接触到，就能激发出一种新的生活意识，这种生活意识最终启发人们去追求更为完美的生活方式。无印良品对消费者的生活细节的洞察和对自我精神世界的坚持让其成了一种特殊生活的象征。

5. 品牌联想

数字化时代的品牌联想更注重生活印象和个性属性联想。传统品牌的行业属性、产品属性、热门"爆款"等产品印象要素逐渐被生活方式、品牌个性、产品特性等生活印象要素取代。

6. 品牌竞争

传统的品牌竞争，多是产品技术壁垒和企业供应链的竞争。数字化时代的品牌竞争，是洞察力的竞争，是依托于数字化技术的"透明"的竞争。在数字化时代，互联网消费数据的高度集中，大数据平台与云端处理技术的智能化发展，使数据整合和实时分析成为可能。企业通过对消费数据的高度整合和对持续数据流和实时数据的智能分析，可以量化消费者需求，更好地支持品牌决策及时动态调整。

3.3.2 品牌定位

品牌定位是所有品牌必须明确的战略立足点，它基于对核心目标受众需求的深层次洞察，既具有功能性，又具有情感性。数字化时代的品牌服务于某个群体的个性化生活方式，这些生活方式包含社会关系模式、消费模式、娱乐模式和穿着模式等，通常也反映了该群体的生活态度和价值观念。

1. 展现生活化内涵，满足个性化需求

数字化时代的品牌更注重满足消费者在某一领域的需求，并通过更加清晰透明的品牌形象塑造，向消费者传达品牌能够为消费者的生活带来更多的便利与色彩，更能展现消费者独一无二的个性和风格。品牌使用数字化技术对消费者数据进行全方位精准捕捉，并通过 AI 识别分析，为消费者量身定制不同的促销信息，满足其个性化需求。

2. 解读消费者心理，引起情感共鸣

情感共鸣就是要让消费者明白"品牌懂你"。品牌通过对消费者生活的观察和心理情感的数字化分析，让消费者感受到被理解与被尊重。数字化时代的品牌不仅只是视觉、语言、概念的传播，更需要用精准且新颖的方式与消费者进行感知和体验的互动。

3. 创建生活化场景，营造精神家园

品牌的生活化场景营销，是用真实自然的场景让消费者体验和观察产品在生活中使用的实际效果，实现可观看、可触摸、可体验，让品牌更透明、更可信，更容易引起消费者的向往。

说到宜家，很多人都不陌生，或许你也曾购买过宜家的产品。在花费了一番心思组装完产品之后，看到亲手组装的成果，你顿时会有满满的成就感。

宜家非常重视消费者的消费体验和对品质生活的追求，从乐趣、格调、实惠、便利等维度搭建绿色健康、生活环保、趣味舒心的购物体验环境。

4．打破行业壁垒，隔行不再如隔山

数字化时代的品牌竞争是跨行业、跨品类的竞争。工业化时代发展的成就足够为数字化时代的品牌跨行提供保障，技术和供应链不再是壁垒，隔行不再如隔山。

3.3.3　品牌行动

1．转变商业模式

数字化时代的到来使商业模式发生了重大的变革；品牌从提供单一功能的产品，转变为打造生活场景的整体解决方案。

2．转变品牌定位

数字化时代的品牌更注重态度的表达，是品牌价值观和世界观的传递，是为了满足消费者对生活的向往和追求，为消费者打造的一个情感"归属地"。

"自己想做的并不只是一家书店，而是一处能让身心安顿、心灵停泊的场所"，诚品书店在创立之初就明确了其品牌定位。

在创始人吴清友的想象里，人会被一个空间的气质所触动。创建诚品书店之前，他就希望人与书能在这里相遇，而不仅仅是简单地买书。产品架要与人文、艺术、创意、生活有关，每一件上架的产品要能体现一种生活风格与品位意识。

诚品书店还成立了"诚品讲堂"，邀请各领域的专家学者讲学、分享，从空间、建筑、生活、风格、艺术、电影到哲学、历史、文学、音乐，可以说是一个阅读与讨论的天堂。

3. 转变产品属性

数字化时代完善的供应链，既可以实现产品功能的"无差别"，也可以提供产品的定制化生产。品牌将更注重产品的个性化属性，销售的不仅仅是产品功能，更是一种体现品牌个性的生活方式。

4. 转变合作方式

在数字化时代，"跨界"将成为一种常态。品牌的跨界营销是品牌文化的融合创新，是各界对生活方式的共同开发及共识达成，进而与消费者进行生活方式的沟通与交流，让自己不再只是单一的品类，而倾向于生活方式的传递者。

优衣库 UT 系列的定位是新时代 T 恤，电影、动漫、动画、艺术和音乐等流行的文化都在 T 恤上得以呈现，成为年轻人表达个性的方式。

在人们眼中，艺术通常是"高冷"的，而 T 恤是"大众"的，这对"反义词"却被优衣库融合了。从体现动漫文化的热血与激情，到参悟书道大师笔下的传统文化；从聆听和解读音乐与艺术的创作灵感，到品味经典影视的回忆时光……UT 不再是一件简简单单的 T 恤，而是成了一种传播艺术的载体。

第 4 章

透明绩效：精准即时与场景对标的能效系统

数字化时代的到来，不仅带来技术层面的颠覆，还给企业管理带来巨大挑战。在信息高度透明的时代，企业已经无法通过简单的目标管理和制度规范来统一员工的思想，共同创造绩效。除了数字化人才本身的严重短缺之外，令管理者们头疼的另一个问题是，如何用更加科学的方法进行绩效管理。

那么，企业内的绩效管理为什么这么难呢？这是一个复杂命题，由多重因素造成，归纳起来，企业的绩效管理面临以下四重挑战。

一是要解决组织绩效与个体绩效的关系问题，中间还包含了团队绩效。

二是要解决实际业绩与能力态度的关系问题，这两者相互影响。

三是要解决绩效评价与绩效分配的关系问题，绩效分配不合理则绩效评价形同虚设。

四是要解决长期价值与短期绩效的关系问题，只顾眼前的行为会严重影响士气。

除了以上四重挑战外，还有3个令人头疼的现实摆在企业管理者面前。

一是标准模糊，KPI中部分考核项可以计量，但是大多数考核项只能定性，硬性计量也缺乏科学性，难以服众。

二是形式表面，有的工作看似严格审慎，实则是情面工程。

三是过程盲目，任务计划与目标脱离，绩效应用与人才发展脱离。

本章试图在复杂的碎片化信息中寻找一条光明之路。

从整体来看，企业其实是一个具有经济属性、组织属性和关系属性的市场化主体。

透明绩效是企业管理的一种新方法论和新实践模式。传统绩效管理的维度相对单一，重点强调经济属性，特别是承包机制，工作考核评价则稍微兼顾组织属性，关系属性基本被忽略。一些企业偶尔会从企业文化的视角局部地体现关系属性，但是苦于结果难以评价。

因此，本章将要介绍的三体方法论有明显的优势：一是可以促进企业整体绩效的增长；二是三体互为长短期效应，经济体代表的是当下，关系体代表的是中期，组织体代表的是长期；三是对于企业发展的动力、机制和状态，有系统的影响力和推动力。经济体是结果，组织体是机制，关系体则为动力。3 个属性彼此联系，不能割裂，相辅相成。

在数字化时代，为什么企业的第一追求不是利益最大化，而是社会责任呢？有 3 个核心理由。第一，企业消耗社会资源，大量的资源消耗其实未必能直接计入企业成本，所以我们需要反过来关注企业在社会系统中的综合影响，包括对环境资源、社区生活、商业文明等方面的影响。第二，企业会雇佣员工，被企业雇佣的员工不仅会通过工作取得报酬，其价值观、生活方式等都会受到企业的影响。因此，企业不仅定义了员工的工作，也影响了员工的生活。第三，市场在数字化时代是一体化的，所以企业现在逐步变成市场的一分子，不像原来那么独立。

根据数字化时代发展的趋势，未来，企业的边界会不断延展。比如海尔的卡奥斯互联制造超级平台，它实现了设计、采购、制造、物流、交易的一体化，其中不仅有海尔的员工，还有很多兼职人员或者自由职业者。尽管如此，相对独立的企业依然有着清晰的雇佣关系和管理边界。

那么，在数字化时代，又该如何重新审视并进行管理创新，从而获得全新的解决方案呢？

本书将介绍透明绩效的三体（即经济体、组织体、关系体）方法论，致力于给绩效管理带来全新的思路。

4.1 经济体：效益透明

首先来了解经济体。以企业为经济体，从这个视角出发应如何进行绩效管理？绩效管理的核心目标是实现效益透明。

4.1.1 经济账本

企业首先要有一套衡量效益的账本，实现以个体、团队和组织为单位的记账，保证随时可查。

现有的企业概念里包含两个账本，即财务账本和资产账本。财务账本是按照国际会计准则和财务通则设置的账本，有标准的科目设计，以企业为主体反映其财务状况，其中包括资产负债表、损益表、现金流量表。资产账本用来核算企业各项资产的入账、增减变动、报废结存等情况。资产类科目按流动性大小划分为流动性资产科目和非流动性资产科目。企业以往都是通过这种记账方式来反映成本构成与收入构成。

经济账本与账务账本和资产账本的区别如下。

- **全面反映：**经济账本既包含财务账本和资产账本，又包含基于岗位的成本、作业成本等隐含收支项。

- **速度更快：**财务账本主要是对过去的记录，而且有一定的记账周期；经济账本主要反映即时的账目。

- **泛主体化：**经济账本可以应对不同的界面，以用户为导向呈现财务情况；财务账本除了面向管理者，更多的是应对员工、团队主管、客户、监管方等业务单元。

- **内容的扩展：**经济账本反映收支的广度和深度，分步骤进行扩展。第一步，资财一体化，将财务账目和资产账目打通，统一盘点和管理。第二步，业资财一体化，将业务的进展，包括合同签订、应收账款等直接在账目里体现触发应收和兑现等，大大降低业务人员与财务部门的沟通频次。第三步，管业资财一体化，将最难衡量的管理活动并入财务的账本。这样沟通一套经济账本，就能洞察企业的整体活动，不仅可以确保数据口径的统一，还能系统地分析企业的经营活动和管理活动，更好地提升企业的效率。

下面，以海尔的案例来演示企业的经济账本如何体现。

1. 账本的 3 层主体

账本分为 3 层主体，即公司、团队、个体。下面，以"海尔的 OEC 管理模式"为例来逐层解释 3 层账本。

OEC 管理模式是海尔于 1989 年创造的企业管理方法，其中"O"代表 Overall（全方位），"E"代表 Everyone（每人）、Everything（每件事）、Everyday（每天），"C"代表 Control（控制）、Clear（清理）。OEC 管理模式的本质就是把企业的核心目标量化到个人，把每一个细小的目标责任落实到每一位海尔员工身上。而实现这一目标的第一个重点，就是海尔的 3 层账本。

第一层账本：公司管理工作总账。该账本的主体是公司，实际责任人是总经理。总账其实就是公司层面的战略目标计划，如表 4-1 所示。

表 4-1

项目 （总经理签发）	工作目标	先进目标	现状目标	难点对策	完成期限	责任部门	工作标准	见证材料	审核办法	备注
产量										
质量										
效益										
劳动生产率										
产品										

第二层账本：团队管理总账。在海尔，团队管理总账就是分厂、职能部门的管理工作的分类账，分类账是对总账的分解，也就是目标的分解，如表 4-2 所示。

表 4-2

项目 （部门经理签发分 职能部门和分厂）	部门目标	先进目标	现状目标	难点对策	完成期限	责任部门	工作标准	见证材料	审核办法	备注
产量										
质量										
效益										
劳动生产率										
产品										
责任人										

第三层账本：个人的管理工作明细账，这里添加了考核办法、工作指标和审核人，如表 4-3 所示。

表 4-3

项目 （对职能部门和分厂目标的细分化）	每日目标	先进目标	现状目标	难点对策	工作标准	考核办法	工作指标	见证材料	审核办法	审核人
产量										
质量										
效益										
劳动生产率										
品种										
责任人										

3 张表由上到下将目标层层分解，从分厂、职能部门等上层分解到员工个人，目标完成情况一目了然。

2. 账项的 3 种类型

- 直接面向外部客户的账项：直接面向外部客户的账项是常规的销售订单导向账项，有明确的销售合同，定义清晰，往来清楚，账期明确。比如用户订购了多少台设备，应收款有多少，直接在用户那边通过交易就能识别出来。唯一特别的就是直接面向消费者的销售不一定会有合同，但是也会有相应的订单管理，账目数据完备，一目了然。

- 面向内部客户的账项：面向内部客户的账项需要内部重新定义。阿米巴的核算系统的重点就是如何对内部客户进行计价。内部客户计价方式定义清楚之后，就要有相应的账目、账本来进行往来的结算。

- 公司的公共需求：公司的公共需求往往是由集团公司发起，然后由相应的部门承担。这一任务可能由单个部门或多个部门共同承担，所以就需要进行内部分工及计价核算，建立相应的账本。

以上 3 种类型，不论是哪种，关键在于利益项的拆解方法。以往会把企业划分为利润中心、成本中心和职能部门，而现在需要把它们都变成利润中心，只需要定义计算价格的规则。

4.1.2　计量系统

计量系统其实是比较复杂的一个模块，涉及的因素较多，大致要考虑 3 个方面的问题。

首先，要记到什么程度？要记录员工、团队、组织 3 个主体名下全部的成本和收益？这很难，因为要定义各种科目，就要明确计价标准。以前的信息化是基于原有财务端的数据，或者是从 ERP（Enterprise Resource Planning，企业资源计划）系统里面抓取的数据。实际上，基于财务端的数据不仅有滞后性，而且统计口径往往与想要了解的效益情况并不统一，不能如实、及时、准确地反应当下的经济效益。

其次，企业作为经济体首先要效益透明，所以现在的解决之道就是重新开发计量系统。企业可以开发一套内部的会计系统，使每个主体名下都有内部的计量。当然，其中会有一些细节的约定，比如公摊的办公费用是按照人头计量还是按照实际的办公频次计量？同样，收益的分割也需要具体到细节。

最后，开发计量系统有两个重要步骤。第一个步骤是解决定价的问题，其中特别重要的是内部市场切分，管理活动如何定价。第二个步骤就是数据的采集和校准，最理想的方式是将工作流在线化，这样分配就有据可依。但是这些数据不能直接使用，还需要校准。

1. 如何定价

一共有 3 种定价，分别为外部定价、生产制造部门之间的定价和管理活动的定价。

（1）外部定价

外部定价有两种方式。

● 根据订单生产方式定价。

在自由竞争的市场经济中，产品的价格由市场决定，企业以这种市场价格为基准，竭尽智慧和努力压缩成本，获得利润。所以正确的思维方式不应是"成本 + 利润 = 定价"，而是"定价 - 成本 = 利润"。因此，企业在经营的过程中应追求销量的最大化、成本的最小化，而不是提高定价。

根据这样的定价原则，转换一下思维方式，传统的思维方式是销售部门是利润中心，制造部门是成本中心，但是在市场价格不变的情况下，决定企业利润的是制造部门，销售部门作为制造部门和用户之间的中介平台，只是从中收取一定的佣金作为销售部门的收入。所以，真正的结算公式如下：

销售金额 = 制造部门的生产金额

制造部门的结算销售额 = 生产金额 - 制造成本 - 销售佣金

销售部门的结算收益 = 销售佣金 - 销售费用

分析这种定价模式的好处，比如一笔订单的总销售金额为 100 万元，制造成本为 60 万元，销售佣金如果为 10% 就是 10 万元。如果产品的市场价格下跌，总销售金额变为 90 万元，销售佣金为 10% 就是 9 万元，那么如果制造成本不变，利润率就会降低。这个时候，制造部门就会与销售部门一同想办法来降低制造成本，提升销售总量。如果按照传统方式，视制造部门的制造成本为标准成本，那么制造部门就不会想办法降低制造成本，而销售部门就很难在激烈的市场竞争中保持业绩。使用这种全新的核算理念，企业就能实现产销一体化。

● 根据库存销售方式定价。

由于产品本身的特点或是基于品牌的影响力，企业有时候还是要保有库存。这个时候，企业就需要使用另一种销售方式，即库存销售方式，此时计量方式就会发生改变。此时最大的变化是产品的价格不再由市场直接决定，而是要综合考虑销售部门和制造部门的协商意见，最终决定价格。

基于这样的定价原则，结算公式如下：

$$销售部门收入（毛利）= 销售金额 - 生产金额$$

$$生产金额 = 制造成本 + 结算销售额$$

这里的定价机制与订单生产方式不同，但是制造部门依然要与销售部门共同依据市场变化进行定价。一旦市场价格变低，制造部门所获得的生产金额也会随之变低，因此制造部门会发动全员的力量来节约开支，提升效益。

这种定价机制的核心点是，库存的责任是属于销售部门的，销售部门会根据市场情况来预测需求；一旦库存变大，则由销售部门担责。所以，销售部门会通过降低库存来确保周转正常。

（2）生产制造部门之间的定价

产品在出货之前，在企业内部要经过很多道工序。在透明绩效的经济体的概念里，同企业外部的市场交易一样，各道工序之间也要进行企业内部结算。这种结算之间就需要进行企业内部定价。假设一个企业内部有 A、B、C 共 3 道工序。

工序 C 是离市场最近的地方，所以最终销售价是 100 万元，工序 A 的生产总值是 30 万元，工序 B 向工序 A 采购花费 30 万元，加上自己的 40 万元生产产值就是 70 万元。所以到了工序 C，内部采购价就是 70 万元，加上工序 C 的生产总值 30 万元，最终销售价就是 100 万元。这样就可以看到每道工序的定价，除此之外还有销售佣金，最终销售部门获取销售总额的 10% 作为佣金。这就是一个完整的内部定价流程。

（3）管理活动的定价

管理活动的定价分两类。

● 职能服务类。

基础工作项，是指基于部门职责、岗位职责的工作项。比如人力资源部的招聘岗一个季度对应 58 个工作项，那就可以测算出这个岗位的总工时及每项工作的用时，再以这个岗位的标准工资除以总工时，就可以得到工时工资。

弹性工作项，是指虽然也在职责范围内，但并不是非做不可的工作，这类工作在数量上也没有恒定。对于这类工作就可以直接定价，多劳多得。

创新工作项，就是没有列明在职责范围内，但是基于部门的定位或者企业的发展需要做的工作。这类工作的复杂程度较高，也不便于衡量，但往往能决定企业的未来。所以建议企业对这类工作单独重点立项，计量报酬，但是需要建立单独的审核机制。

- 业务协作类。

多人跨岗跨部门的合作。例如，项目牵涉多部门多岗位的合作，那就需要根据分工后的贡献值来拆分出每个部门或者个人的计入值。对于个人分工，首先要定义其系数或者比例，可以根据贡献值、劳动量、劳动难度、风险大小来定义。

跨较长时间维度。如果一个工作项分为多个阶段，就需要计算每个阶段的收入。但是账目本身需要按照月度提报，并根据约定好的周期支付，同时还要兼顾坏账和售后成本。

包含定义交付或公司采购。这一类比较容易定义，不做深入说明。

以上3种情况都需要在正式实施前立项并确认内部计价方式。

2．计量数据采集与校验

计量数据有两种，并且数据要经过校验才更准确。

（1）直接财务性数据

每个经营单元的数据采集，第一来源当然是直接的财务性数据，这类数据包括常规的采集项目：外部营业收入、各种成本列支、内部结算、公摊后分拆计入的成本费用。外部营业收入和生产制造所需要的费用及销售所需要的经费较为简单，内部部门之间按照内部定义的规则结算。

（2）间接业绩性数据

间接业绩性数据主要指一些难以用直接经营数据衡量的团队成果。比如人力资源部、市场部、战略部的成果难以用"销售额""出单数""毛利"等直接财务性数据来衡量，所以就需要使用一些间接性的指标。例如，人力资源部第一季度的业绩成果，可以按照表 4-4 来衡量。

表 4-4

工作项	目标	1月	2月	3月	实际完成
招聘	100人	20%	30%	40%	90%
培训	300人次	10%	15%	20%	45%
干部考评	50人次	20%	20%	20%	60%
制度梳理	30项制度	10项新增	10项合并	10项废除	100%

（3）数据校验

数据校验也就是检验数据的准确性，没有经历这一步的数据都将充满巨大风险。这里提供几种数据校验的方法。

外部数据印证，指拿多个数据源的数据进行相互对比，如果存在偏差就可能存在着问题。这些问题的背后往往藏着一些程序错误或者流程漏洞。

数据相互印证，指数据加工过程中的前后对比。比如，数据处理前后同一个指标的平均值出现了巨大差异而又不符合逻辑时，就说明加工过程出了问题。又比如，通过不同的数据算出来的类似指标之间存在明显区别，说明出现了数据加工错误。

数据合理性判断，指数据有自己合理的范围，比如，每次阅读文章大概需要几分钟，用户每天登录次数为十几次，广告点击率一般在 10% 以下。如果出现了一个特别异常的值，那么就要特别注意。此外，除了这些参考值以外，还可以计算同比、环比、横向比，如果发现某个值不符合预期，也应该仔细分析。

数据校验在本章不是重点，不做赘述，但这一步非常重要，如果经营成果的数据不准确，会直接影响经济体的运转效果。

4.1.3　账本发布查询

有了经济账本和计量系统后，紧接着是账本发布查询。比如，需要查询员工李伟 1 ~ 6 月的业绩，那就输入关键词"李伟"并选择"1 ~ 6 月"，就可以查到李伟的业绩情况。同样，输入部门的名称和时间，也可以查看到相应的业绩。有足够权限的人可以查询公司整体的业绩情况。员工个人可能并不能看到整个公司的业绩状况，但可以看到自己在团队中的排名，也可以看到本人的成本，包括办公成本、差旅成本等。这些就是账本的基本功能。以个体、团队和组织为单位的记账，能够实现数据随时可查。

第一步是账本上云，提供 SaaS（Software-as-a-Service，软件即服务）的查询服务。海尔的 OEC 就经历了这个阶段，其内部账本和计量体系建立好之后，在 OEC 上云发布。

第二步是用户权限划分，也就是对全公司的人员进行划分，使不同的人员有不同的权限，可以查看不同的内容。

第三步是比对分析和建议。比如自我比对，查询去年甚至前 3 年 1 ~ 6 月的数据变化。同时可以进行横向比对，查询同期其他同事的数据。这里可以做匿名处理，使员工知道自己的排名但是不知道比对的实名，或者看到同等级别的人的绩效平均值、最高值，知道自己处于什么水平。系统还可以给出变化的曲线、绩效改进的建议等，如图 4-1 所示。

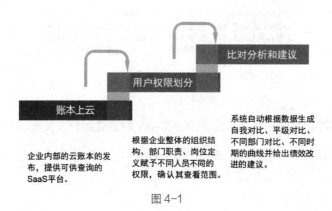

账本上云

企业内部的云账本的发布，提供可供查询的SaaS平台。

用户权限划分

根据企业整体的组织结构、部门职责、岗位定义赋予不同人员不同的权限，确认其查看范围。

比对分析和建议

系统自动根据数据生成自我对比、平级对比、不同部门对比、不同时期的曲线并给出绩效改进的建议。

图 4-1

4.1.4 即时分配

一套完整的绩效系统能否成功，很大程度上取决于如何应用，也就是如何与分配挂钩。**这里要体现 3 个关联，即与绩效工资关联、与奖金提成关联、与中长期回报关联**。那么，透明效益系统除了具备查询的基本功能之外，还要能立即给出当下绩效完成情况所对应的绩效工资累积到了多少或者达到了什么程度，以及预测收入是多少；也可以做一个长线的分析，即对应的绩效表现下期权会产生多少变化。根据这一系列的数据可以建立一个算法模型，由数字化计算替代以往繁复的人工计算，如图 4-2 所示。

比如，在企业内部的虚拟银行中，每个人的权益预存有以下 3 种形式：第一种是公司的期权，自己的权益在虚拟银行里面；第二种是员工名下的可提分红和利润所得，利润所得包括已领和可领的公司补贴；第三种是员工名下的积分，积

01 与绩效工资关联	02 与奖金提成关联	03 与中长期回报关联
绩效考核的结果需要与绩效工资直接关联，二者有直接的计算方式，体现收益的高低。	业绩的结果要与提成直接呈正相关，奖金也要体现个人绩效评估的结果。	效益也会有周期性或季节性的波动，且有一些工作需要长期投入才有成效。

图 4-2

分可以由多种项目转化而来，比如企业文化奖励、课题开发奖励、外部学习奖励等。积分可以用于自主提现、转购债券或者股份，也可以用于在公司内部商城购物等。

以某网约车平台为例。

每个网约车的司机版 App 端口都会显示当日的"我的流水"，其中包含基础车费、奖励、其他。在个人主页，可以看到累计完单数、累计收入数等信息。

这样一来，司机的业绩与分配的收益是透明可见的，而且可以实时查看，如果订单里程和收入有问题，司机可以随时进行申诉。司机可以看到自己的收入来源分为 3 类，即基础车费、奖励和其他，那么司机就会朝着这个方向去努力，以提高自己的业绩，如图 4-3 所示。

企业的成果就是绩效，它是企业特有的职能和贡献。但在过去，由于文化、制度、技术等方面的制约，信息的不对称、目标的不统一、数据的不准确等问题一直困扰着企业。经济体的内涵及其特有的计量方式或许能给企业提供一个全新的解题思路。

图 4-3

4.2　组织体：能力透明

企业的第一体是经济体。经济体指的是企业在市场中作为一个利益主体，其核心诉求就是通过生产、交易实现自己的价值增值，获得利润回报，并让全体成员共享经济成果。然而，企业作为社会的重要组成部分，它又是一个组织体。所谓组织体，就是指人们为实现特定的目标，互相协作结合而成的集体或团体。

作为组织体的企业会展开以下几个方面的努力：首先，要确立整体性的宗旨，企业的宗旨通常通过"使命""愿景""价值观"表现出来；其次，要围绕宗旨建立自己的战略目标，并追求目标的实现；接着，根据制定的战略目标，结合外部环境的变化设定相应的任务和计划，追求任务和计划的实现；最后，企业最终的目标实现和计划达成都会落实到成员的身上，所以需要对现有成员进行分工评价和能力评估。

4.2.1 宗旨共识度

1. 任何企业必须有自己的宗旨

企业宗旨是企业作为社会组成单位的最高追求，说明组织因何而存在、为何而发展。企业宗旨通常通过三大要素来建构，如图 4-4 所示。

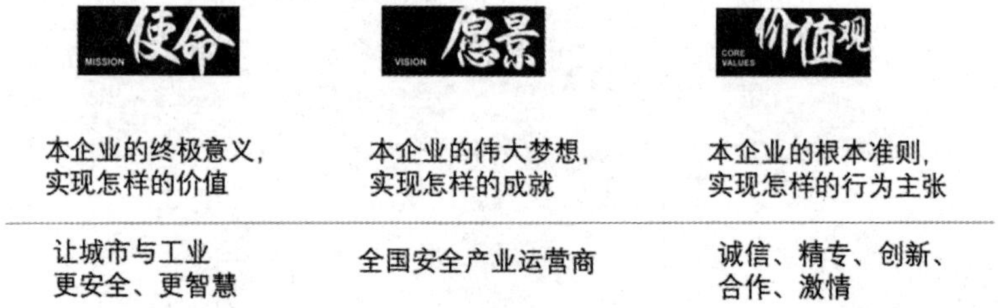

使命 MISSION	愿景 VISION	价值观 CORE VALUES
本企业的终极意义，实现怎样的价值	本企业的伟大梦想，实现怎样的成就	本企业的根本准则，实现怎样的行为主张
让城市与工业更安全、更智慧	全国安全产业运营商	诚信、精专、创新、合作、激情

图 4-4

有一些企业并没有清晰的宗旨，还有一些企业的创立者认为企业要先解决生存问题，再解决"信仰"问题。事实上，任何企业都必须有一个明确的宗旨，宗旨是驱动力，也是引领力，更是过程中的护航力。没有宗旨的企业，就像没有信念的个人，无法成就人生，也难以成就事业。

为什么企业要把确立宗旨放在第一位呢？

第一，企业是社会系统的主体之一，应对社会的运行和发展承担责任。

第二，企业由多个个人组成，为了整体的协调有序，需要建立起共同意志。

第三，企业要想谋求长远发展，就要拥有能克服市场不确定性的长期、稳定的导航力量，那就是超越当下经济利益的事业追求，即企业的宗旨。

2. 企业的宗旨必须与时俱进

既然把确立宗旨作为企业的长期大计，那么是否一旦明确了使命、愿景、价值观，就可以一成不变了呢？

答案是否定的。社会和市场处于不断的周期性变化之中，每一次技术创新都会驱动产品、制造、销售和消费方式的变革，而企业需要随着时代变化和市场周期调整宗旨和战略。

华为在进入手机和 AI 领域之前，其使命是聚焦客户关注的挑战和压力，提供有竞争力的通信解决方案和服务，持续为客户创造最大价值。华为现在的使命是构建万物互联的智能世界。其使命升级的背景是：与华为创立时，社会和市场刚刚进入信息化和软件化时代不同，现在已经进入万物互联的新世界，AI 成为最核心的生产力。

华为之前的愿景是丰富人们的沟通与生活，现在的愿景是将数字世界带入每个人、每个家庭、每个组织。华为在进入手机领域之前一直处于通信领域，其使命带有很强的行业特征。进入数字化时代后，随着业务的不断延伸，华为的愿景也随之升级。

再来看腾讯。

2021 年 5 月，马化腾向外界宣布腾讯全新的使命和愿景为"用户为本，科技向善"，价值观更新为"正直、进取、协作、创造"，并称"我们要一切以用户价值为依归，将社会责任融入产品及服务之中，更要推动科技创新与文化传承，助力各行各业升级，促进社会的可持续发展"。腾讯的发展理念经历了自我中心、联盟优先、开放共生 3 个阶段，其业务已经涉及科技与生活的各个领域。

因此，腾讯的理念核心也要适应产业生态的新发展，要更加符合数字化时代"利他""共生"的趋势。

所以，企业一旦进入新的市场周期，或者处于新的增长阶段，或者市场发生了剧烈的系统性变革，一定要调整其宗旨以应对新的市场形势。我们曾看到信息化的兴起、网络化的跟进，而现在则进入了智能化的时代。每一次科技的发展都给市场中的企业带来了巨大的压力，但也为其提供了机遇。现在，企业要做的是坚持与时俱进，适时升级，不断调整战略。

3. 企业宗旨只有成为共识才有力

当企业有了宗旨之后，要让宗旨变成全员共识，而不仅是董事长的座右铭或员工贴在墙上的口号。那么企业宗旨怎样才能真正成为全员的共识呢？企业必须走过共知、共识、共情 3 个阶段，也就是常说的"同化"，如图 4-5 所示。

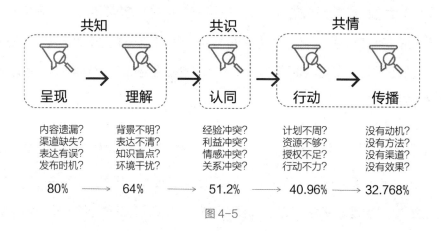

图 4-5

同化是一切人际协作成功的基因。卖产品的时候，不是向用户卖，而是帮用户买；做产品的时候，不是加工材料，而是寻找知音；公众宣讲时，不是表达自己，而是唤起共鸣……同化的过程非常艰难，原因是从信息发出到受众接收的过程中存在"漏斗效应"。

从内容呈现开始，就至少要损耗 20% 的有效信息，然后再经过理解、认同、行动、传播，每一步都有信息的失真和理解的偏误，最后只能剩下原来信息量的一小部分，所以同化是一个缓慢且有效果损耗的过程。对此，企业可以采取以下策略。

第一，先求共知。共知就是要大家都知晓。

哪些内容要让大家都知晓？企业向员工宣讲的内容可以分为：为什么、怎么做、做什么。为什么是指各项任务背后的意义和价值，它与使命、愿景、价值观相关。怎么做是指工具、方法、技术等各种知识和成果。这里有两点需要注意，一是内容是否全部公开，二是是否采用逐级下达的方式。做什么就是具体的工作内容。

采用哪些形式可以利于大家知晓？通知是一种形式，但是很难达到共知的效果；告知也是一种形式，但是也会发生内容遗漏、表达有误的现象；感知也是一种形式，但容易产生误解，也容易被环境干扰。每种形式都有自己的局限。

哪些工具和方式较为有用？一是复述法，工作会议上由接受任务人分别复述自己的工作目标，达成一致；二是差异排除法，下达任务人下达任务时，列出几种可能的错误理解，加以排除；三是动态纠偏法，设置不同的过程节点并及时纠偏，以确保结果的一致性。

第二，再求共识。共识也就是常说的认同。企业里最怕的就是阳奉阴违或者是上有政策、下有对策。那如何让员工真正形成共识呢？

首先需要培养团队的领导或管理者。其次让员工影响员工。人们总是易于相信众人议论的内容，企业可以借助员工中的意见领袖让信息广泛传播，进而形成员工的共识。最后用专业方法让共识变成自己的观点。除了传统的德尔菲法外，推荐使用罗伯特议事法，毕竟在数字化时代，平等协商、表达充分才是主流。

数字化时代，可以借用区块链等技术形成新的共识机制。区块链让陌生人之间互相信任成为可能，这种分布式记账法同样可以促进共识机制的形成，让信息更透明。

第三，追求共情。真正的认同是发自内心的，因此在共识之后，需要有共情。共情就是唤醒人内心的激情和梦想，让人可以接受挫折并互相包容。

数字化让每个人更加真实和透明，价值观的一致性让员工超越个性的差异，让企业的宗旨更快地成为全员共识。

4.2.2 目标实现度

解决了宗旨共识度问题后，企业就要进入制定目标的环节了。那么，目标究竟是什么？什么是长期目标？什么是短期目标？确立了目标后如何实现目标？如何评估目标是否实现？对于这些问题，需要分步说明。

第一步，企业目标体系化。

为了便于区分和理解，将企业目标分为 3 个等级，即战略目标、战役目标和战斗目标，如表 4-5 所示。

表 4-5

目标等级	时间跨度	解决什么问题
战略目标	10～20 年	市场定位、核心竞争力、商业模式、组织模式
战役目标	3～5 年	技术创新、产品创新、服务创新、管理创新
战斗目标	0.5～1 年	质量改进、成本管控、效率提升

战略目标就是指企业的 10 ～ 20 年规划，它通常包含企业的市场定位、核心竞争力、商业模式、组织模式等内容。

战役目标是指企业的 3 ～ 5 年规划，一般包括企业的技术创新、产品创新、服务创新和管理创新等内容。例如，一个企业要在 3 年内实现数字化转型，就需要在产品、营销、组织方面进行创新，如图 4-6 所示。

	趋势	实践
产品创新	从功能产品到智能产品	BIM化、系统化、云化交付
	从终端到云－管－端	一体化解决方案
	从独立制造到互联制造	专业内循环转为协作双循环
	从交易到共享	成果交付转为成果共享
营销创新	数字化营销	数字画像、数据挖掘、算法定价
	智能化服务	需求在线、响应在线、评价在线
	区块链价值管理	身份标识、权益账本、生命周期
组织创新	垂直型到平台型	生态化平台
	职能制到任务制	细胞体团队
	标准化到自主化	创客型个体

图 4-6

战斗目标就是指企业较为短期的具体工作计划，一般是 6 个月～ 1 年的工作计划，内容涵盖质量改进、成本管控、效率提升等方面。

战斗目标包含三大关键要素，即任务、进程、交付，如图 4-7 所示。

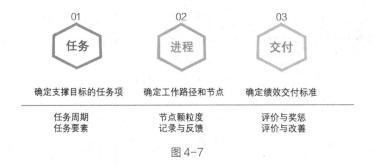

图 4-7

第二步，目标制定科学化。

俗话说，只要方向对了就不怕路远。很多时候确定了方向，却总也到不了目的地，这时就要利用决策三角工具，如图 4-8 所示。

决策三角：目标决策能力背后的方法论

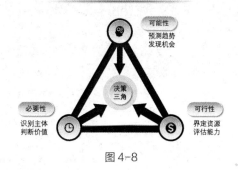

图 4-8

可能性：对于目标做整体的预测，对趋势进行判断，从而发现机会。

必要性：对于机会的可能性做出判断，根据企业自身的市场定位和核心竞争力，识别出适合企业发展且有实际价值的目标。

可行性：根据企业自身的资源（包含人、财、物、技术、资质等）做出全方位的评估，评估企业是否具备实现目标的能力。

对于企业来说，只有同时满足可能性、必要性和可行性的目标，才是合理的目标。

第三步，目标实现可评估。

如何来评估企业的目标实现度呢？企业在制定目标的时候，就要同时明确评估标准。对于企业长期愿景，需要定期对企业目标的业务主线和市场定位进行升级与调整，而且要随时找到第二曲线和第三曲线；对于企业中期战略，需要定期复盘；对于企业的短期任务，需要定期进行衡量，如年终评估、季度考核、月度评比等。整体的完整流程是从公司愿景、使命、价值观出发，确定好战略并进行战略澄清，得到具体的战略目标，进而明确指标与重点，最终将指标分解成任务计划，如图 4-9 所示。

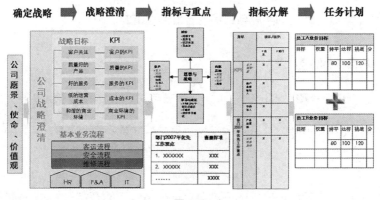

图 4-9

"工欲善其事，必先利其器。"企业需要选择好的目标管理工具。近年来，目标管理工具层出不穷，但是进入互联网时代之后，其他目标管理工具都逐步淡出历史的舞台，OKR 却仍被广泛使用。

OKR 就是目标与关键结果法，是一套跟踪目标及其完成情况的管理工具和方法，如今被许多公司广泛使用。

OKR 的主要目标是明确公司和团队的目标，以及明确每个目标达成的可衡量的关键结果。OKR 可以在整个组织中共享，这样团队就可以在整个组织中获得帮助。在全面开展工作的时候，OKR 存在于公司、团队和个人层面。在整体评估的时候，通过这种整体的方法，每一个阶段都有数据呈现，然后链接全流程，最终由系统给出评价来说明目标的实现度。

4.2.3 计划完成度

在确认目标和目标实现度的标准后，就需要追踪计划的完成度了。同所有伟大的事业一样，梦想与现实之间往往需要一套过硬的执行策略来确保是逐步向梦想靠近的。所以，计划的实施与跟踪就显得特别重要。

1. 从目标到任务

对任务进行分解，将计划分步骤、分节点进行实施和度量。WBS（Work Breakdown Structure，工作分解结构）是一套非常完善的工具，目前在企业内部非常普及。

WBS 把一个项目按一定的原则分解成任务，又将任务分解成一项项工作，再把工作分配到每个人的日常工作中，直到分解不下去为止。WBS 以可交付成果为导向，对项目要素进行分组，它归纳和定义了项目的整个工作范围，每下降一层代表对项目工作更详细的定义。WBS 总是处于计划过程的中心，也是制订进度计划、确定资源需求、进行成本预算、制订风险管理计划和采购计划等的重要基础。采用 WBS 的原理和方法，可以首先将目标转化为一个个具体的任务，如图 4-10 所示。

（一项好的计划包括目标、进程、资源、成本和报酬等）

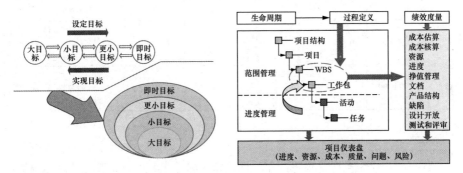

图 4-10

2. 将任务标签化

有了任务之后还不够，还需要对任务进行进一步分解。数字化之后，任务的分解成为一项更为紧要的工作，因为要想在未来的组织结构中创造价值，离不开两个基本要素，即任务与能力。因此，任务分解首先要将任务标签化。在传统的组织架构中，往往根据岗位职责来分工，因此会觉得企业中的任务千差万别、难以分解。其实，当拨开传统分工的迷雾，直接从任务出发，就会发现任务的共通性要比差异性多得多。以一家水务集团的项目为例，该集团接到一个特定的项目任务后，将任务分为规划策划、项目生产、施工服务 3 个部分，任务所需要的能力需求大致可分为团队合作能力、负荷能力、专业能力、写作能力、表达能力、组织协调能力、应变能力、科研创新能力等，然后我们把具体的任务和所需要的能力分别设定好所需要的项和程度，可以用分数来表示，如图 4-11 所示。

项目名称	项目阶段	能力需求							
		团队合作能力	负荷能力	专业能力	写作能力	表达能力	组织协调能力	应变能力	科研创新能力
×××	阶段名称		在手项目数量	专业类别					
			全年累计项目	岗位职级					
			日均工作时长	主要业绩					
			近期工作意愿	评优获奖					
示例—— 外秦淮河清淤	规划策划	60～70	1～2项	水工	70～80	90～100	60～70	90～100	90～100
			5～10项	7级					
			7.5h	主要业绩					
			强	评优获奖					
	项目生产	70～80	1～2项	水工	60～70	80～90	70～80	80～90	80～90
			10～15项	5级					
			7.5h	主要业绩					
			强	评优获奖					
	施工服务	60～70	2～4项	水工	60～70	90～100	80～90	90～100	60～70
			10～15项	6级					
			7.5h	主要业绩					
			强	评优获奖					

图 4-11

这样，一个任务画像就形成了，然后智能分工系统就开始在企业内搜查最符合任务画像的人，这样每项任务都可以匹配到最优人选。

值得注意的是，如果只从任务与能力匹配角度分配任务，可能会发生的一件事就是：某类任务总是会最优匹配某一两个人，这样就永远轮不到第三个人。在企业分工过程中，要考虑全员的工作均衡度，因此还要加上任务本身的饱和度、时间排布等因素，这样才能更好地分配任务。

3. 用评价周期来推动计划完成

既然是计划，就需要以一定的评价周期来推动其完成。那么，计划完成度的评价周期是如何设定的呢？

一是根据行业特征。不同行业的生产周期不同，这种生产周期会导致企业和员工的绩效随之呈周期性变化。因此，评价周期必然受企业绩效周期的影响，即评价周期应与企业绩效周期相符。

二是根据岗位特性。岗位特性的不同决定了评价周期的不同，如对于研发人员可以根据研发周期设定评价周期，行政人员可以按季度、月度进行评价，一线销售人员及生产人员可以按每周进行评价。

三是根据职务等级。中高层管理人员的评价周期可以设定为半年到一年，部门负责人的评价周期可以设定为季度或月度，基层人员的评价周期可以设定为月，甚至是周、日。

数字化之后，需要对周期性的计划实行流程自动化，也就是基于目标分解后，以季度、月度、周为周期，配上相应的事项表格，自动做出一个初评（系统）、自评、上司评价。初评是基于"数据＋算法"给出的评价；自评主要是员工看到系统评估的数据后，根据自己的理解做出的评价，这里面还包含了定性的一些自我描述和一些修正内容；上司评价是上级看到初评和自评后做出的评价。至于周期，可以对照岗位的层级来设置，比如操作岗以日为周期，主管岗以周为周期，经理岗以月为周期，分管领导以季度为周期。

4.3　关系体：印象透明

透明绩效的第三体就是关系体。为什么这么说呢？因为评估完整个组织和团队后，最终落实企业关键结果的还是人，但人是一个综合的生命体，虽然已经有尽可能多的数据，也通过算法形成了一定的画像，但仍有一些隐形的、综合的、感性的评估来自人本身。其中有一个重要的组成部分，就是关系评价。也就是在组织里，有一个开放的、员工之间的、随机的、自主的评价，这个评价也需要一个有生命力的载体。

4.3.1　关系为什么重要

关系是人们在相互交往的过程中，由于相互影响而形成的一种心理上和社会上的联系。在企业中，员工关系的好坏对工作具有直观、重要的影响，原因有以下几点。

1. 关系影响态度

关系影响员工的工作态度。在员工拥有同样能力的情况下，其态度决定了能力发挥的程度。

人力资源之所以不同于其他资源，是因为"人"这个资产具有巨大的弹性，而这个弹性很大一部分取决于他周围的环境。良好的工作环境能够使员工身心愉悦、干劲十足；反之，则会影响其工作效率，严重时甚至会产生反作用。

2. 关系影响协作

关系影响员工间的配合。做同样的工作，不同员工组合的成效差异很大。企业同样是由一个个小团队组合而成的，每一个团队的效率最终形成了组织的整体效率。若是关系没有处理好，员工之间难以配合、协作不力，最终导致的结果可想而知。团队存在的意义就是要起到"1+1>2"的作用，员工之间的关系对结果有直接影响。

3. 关系是文化的地基

企业文化从表面落到实处，就体现在关系的引导和构建上。关系是文化的地基。企业文化最终要落实到每一个人身上，要让全体成员从共知、共识到共情，最重要的就是关系的构建。关系构建得好，领导的影响力大，就会直接带来正向的、良好的导向，巩固企业文化的根基。

4. 关系是管理的盲区

制度、流程和标准只能管理显性的关系，不能触及隐性的关系，这些隐性的关系出现问题时往往会导致管理效率下降和管理成本上升。很多时候，一个团队看似制度明确、分工合理，最后却管理效率低下，这往往是因为团队关系没有处理好。

4.3.2　如何发现真实的员工关系并影响它

1. 设计你的棒球卡

首先设计一个小程序，内置每一位员工的名字，点开名字的时候会有不同的标签框，可以在标签框里直接选择，也可以自定义标签。标签主要分为 3 类：第一类是企业文化，比如企业文化是"因为信任，所以简单"，就可以把标签写成"值得信赖""靠谱"等；第二类是理想的言行，比如一位员工很尊重客户，就可以把他的标签设定为"雷锋"；第三类是开放式的标签，可能是活动日、某种主题或是重大的政策导向等。

2. 上线与发布

设计好棒球卡之后就需要上线与发布。刚开始的时候，企业需要要求员工按照一定的规则和周期进行评价，并且带有一定的奖励或者趣味性。比如，勾选的人越多，任务分就越多，排名就越靠前，甚至能领取一定的奖励。数据积累到一定程度后，操作就可以更加灵活，标签也可以多样化，让员工自由地发挥。同时场景可以更加碎片化、多元化，这样可以更多地获取有效且真实的数据。

3. 统计与应用

棒球卡的最终意义还是统计后的应用。棒球卡的第一个功能是个人自查，也就是本人可以看到自己被贴的"标签"，感知他人眼中的自己，看到自己的盲区。当然，因为想要实现的是"印象透明"，所以也可以设定一定的授权开放，比如上级可以查询下级。

第二个功能是输出分析报告，即根据总体标签分析最高频的标签有哪些，将标签按频次由高至低进行排序；也可以针对关键岗位，综合分析这些岗位给他人留下的印象的变化和依据；还可以从企业文化落地的角度选出几条标签较少的，说明这是企业文化建设中需要加强的。

第三个功能是激励和反馈。根据统计得出的最终积分，给参与者相应的经济回报或是荣誉奖项等，给出正面的反馈和激励。

第 5 章

透明人才：业人一体与事利一体的共生联盟

纵观人力资源管理的发展历史，从人事管理到人力资源管理再到"人力资源三支柱"，其变化遵循将事务性工作标准化、将专业性工作的功能模块化、将组织功能业务化的逻辑。

沿着这一逻辑进入数字化时代，大数据、AI 等数字技术替代了人事工作，选人机器化，用人机器化，育人机器化，甚至留人也是半机器化，这难道是新时代人力资源管理的进化逻辑吗？当然不是，数字化时代人力资源管理的进化逻辑应遵循透明商业的基本法则，在此法则下将从任务透明、分工透明、能力透明、成长透明这 4 个方面实现任务链与人才链的结合。

5.1 任务透明

任务管理是企业管理活动中最基础的单元，也是人力资源管理活动的起点。在工业时代，企业内的任务分配一直依赖两种模式：静态模式（基于部门职责和岗位说明）和动态模式（基于周期计划和下达的要求）。这两种模式具有明显的不足：一是易出现本位主义，员工依职办事，不关注目标与价值本身；二是员工因循守旧，不灵活应变，更不会主动求变；三是对上级管理者的要求过高，既要求能力全覆盖，又要求有品行担当。

数字化时代的任务管理需要打破上述两种模式的限制，任务的分配将通过任务在线化和任务算法化来实现，这样既能有效解决上述问题，又能为有效分工奠定基础。

5.1.1　任务在线化：工作订单

当下，数字技术已让组织和员工实现了在线办公，那么任务的在线化将水到渠成。工作任务通过标签化、数据化以订单的模式呈现，这将使任务的分配变得容易，而且更加透明和公正。下面是两个任务在线化的实例。

第一个实例是大众比较熟悉的外卖类平台，这类平台按照任务生成两种模式的订单——抢单和派单，图 5-1 所示为两种订单的运作流程。

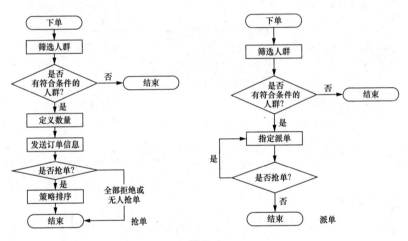

图 5-1

第二个实例是爱阁工房（全称：广西爱阁工房家居有限责任公司），该企业面临因自身业务项目不断增多和服务范围不断扩大导致前端与后端管理严重脱节、管理难点频现的状况，于是以"中台"为载体打造了一套适合自身的数字化订单管理系统，如图 5-2 所示。该系统可以记录涉及合同的各类操作，同时以合同档案为入口快速查看数据来源，生成订单动态台账。从前期的导购下单、尺寸测量登记、设计信息填写到后期的订单生产、订单进度、售后服务等，都可以在系统内完成。比如在导购下单方面，导购下单并将数据写入订单情况表后，订单状态会自动显示"订单已录入"。这既便于订单的查询，同时也实现了导购下单的全过程管理。另外，客户测量交接表可以轻松关联已存在的订单，管理者可以随时监控设计师的测量时间，掌控设计师的工作。当设计师完成测量后，数据会根据订单号自动回写到相应的订单情况表中。

订单管理系统

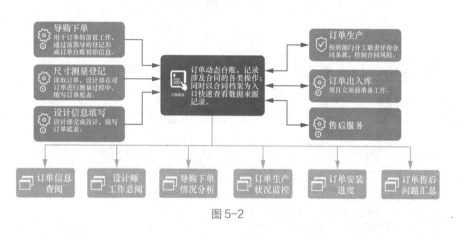

图5-2

根据与生产软件的对接，该订单管理系统可以实现数据的回执登记。客服人员将订单在生产软件上的生产状态根据订单号回写到订单状况表中，以方便随时查询。

在订单的预约及执行方面，通过数字化订单管理系统，客服人员可以根据安装预约情况，对每天的安装数量和时间进行派单管理，以提高安装效率，达到不漏单、不延单的管理效果。

通过系统的安装情况反馈表，安装组长可以对本组一日内的所有安装订单进行反馈。针对未安装完成或者安装出错的订单，安装组长可以在系统中进行判责，并通知责任部门的领导。领导层可以通过月度或季度的安装情况反馈表查询过往的订单情况。

爱阁工房打造的数字化订单管理系统不仅实现了企业内部订单的流转，同时对企业订单的业务管理进行了深度规范及优化，使全体员工对于订单的业务情况有了进一步了解，规避了相互推诿现象的发生，提高了企业跨部门的协作能力。

上述两个实例都展现了工作任务在线化的显著效果。当然，任务在线化只是任务管理的起点，要想让任务与执行任务的人实现匹配，我们还需要继续进行下一步的重要工作，即任务算法化。

5.1.2　任务算法化：任务画像

任务上线后，可采用任务与能力匹配的算法，即任务画像来生成具有智能性质的订单。这一新的分配模式是如何进行的呢？以勘察设计行业的项目型企业为例，当企业接到一个特定的项目任务后，可以将任务划分为规划、生产和施工这 3 个部分，任务所需要的能力需求大致包括团队合作能力、负荷能力、专业能力、写作能力、表达能力、组织协调能力、应变能力、科研创新能力等，然后我们针对具体的任务和所需要的能力分别设定好所需要的项及其程度，可以用分数来表示，与 4.2.3 小节介绍的"将任务标签化"类似，这里不再赘述。

5.2　分工透明

任务在线化和算法化后，企业的工作任务就变成了一个个清晰透明的订单。

接下来就要将人力资源与订单进行有效匹配，即通过分工实现人力资源效率的最大化。

要想实现高效的分工，我们仍然需要从分工的在线化和算法化着手。

5.2.1 分工在线化：发单接单一线牵

分工在线化包含 3 个方面：组织在线、全员在线、协同在线。

1. 组织在线：部门、岗位在线化

人员分工是指企业内不同组织单元之间的分工，其表现形式是组织架构，属于企业的顶层设计之一，由价值导向、核心能力、技术水平、关键流程等决定。组织分工创新的两个变量分别是结构（垂直 – 矩阵 – 平台）和单元（纵 – 横）。组织的关系模型也经历了几种，从最初古典管理理论的正三角组织到倒三角组织、自主经营体、利益共同体平台、企业生态圈。随着数字化时代的发展，组织的最佳形态开始走向"平台 + 团队"的模式，即面向市场的各个自主经营体在系统平台上开展大规模协作。

组织在线首先要实现部门（组织单元）在线。这是实现新工作方式的基础。所有的组织结构设置都可以根据权限在线完成，员工从入职开始就可以在线进入所属团队，从而可以看到组织架构的全貌、纵向的权利归属、横向的流程关系等，以便更好地实现信息共享、透明管理。

组织在线其次要实现岗位（作业单元）在线。现在岗位分工的趋势是大部制下的大岗制，岗位分工越来越趋向模糊化。例如，人力资源岗不再分设招聘专

员、绩效专员、培训专员等，而是用同一种"人力资源岗"来代表所有。在作者与钉钉合作伙伴的一次视频会议中，他们提出：组织岗位在线后，我们要寻找一个人很容易，但是想从岗位名称上了解一个岗位却很难，只有通过该岗位的员工发送的报表才能准确理解其职责。在机制上，轮岗和去岗将会成为常态，原因是实现企业一体化协同和企业平台化后开放度将随之变大。

2. 全员在线：员工、角色、能力在线化

提到部门、岗位在线，虽然从逻辑线和想象力层面来看它们不是一目了然的，但仍相对直观。可是提到具体的"人的在线"，就有点难以理解。人的在线到底意味着什么呢？是信息的共享？还是及时反馈沟通？都是，但也并不全面。人的在线首先体现在角色在线，即组织单元中所设置的各个岗位上都有唯一工号的实名员工；反过来，任一员工都会对应在线的岗位角色。

人的在线更重要的是能力在线。举例说明，如果你有领英账号，那么你的账号上就会有一个"能力标签"，你的好友给你各种评价，然后你的头像上就会出现一些与你有关的技能项，加上你本人的自我评价、任职经历，就会形成对你的角色认可。这些组成了你真正的"在线"模式，也是数字化时代体现出的便利的一面——让人们一瞬间"看见你"。在一个企业里，人的在线还意味着全员"在一起"，分布在不同地方的人依然可以一起工作。

3. 协同在线：业务协作，管理协同

协同在线广泛应用于项目管理，具体包括：项目立项、任务分配、进度跟踪、信息交流、协同发布、会议讨论等，所有环节都可以在线进行。虽然协同在线已经相对成熟，很多企业也具备协同在线的条件，但是效果不尽如人意。就拿

勘察设计行业来说，其中图纸的设计、审核、存档是一个非常常态化的流程，如果可以在线共同协作，就能当即审核出图纸问题，效率将会大大提升。可实际的情况通常是设计师独立完成设计过程后再将图纸上传，并没有实现真正的协同在线。

5.2.2 分工算法化：真正的任务导向

分工在线化后最显著的效果就是任务可以被准确定义和拆解，并能够被分配给最合适的员工。

派单机制目前的应用范围很广，尤其在网约车和外卖行业已经相对成熟。以网约车为例，其派单全部由系统完成，人工是无法介入的。影响派单的因素主要有路面距离、网络环境、账户状态、地区订单热度等。

不管是网约车、外卖还是其他行业，派单的逻辑均可以分为3类：能力胜任度、工作饱和度和关系融洽度。

- **能力胜任度**指的是具体完成一项任务需要哪些能力，哪些对象最具备这些能力。
- **工作饱和度**指的是能力胜任度符合条件的对象是否正在执行任务，或者分配的任务量是否已经足够多。
- **关系融洽度**指的是对该行业的服务评价，如客户对你的态度和路线精准度是否满意等。如果涉及多人协作，还要识别交互合作的融洽度评价等。

在前面提到的特定项目中，如果你的能力符合其中关于"**团队合作能力、表达能力、沟通协调能力**"的要求，本身的工作项目又可以胜任最新的项目周期，在以往的项目表现中无论是外部客户满意度还是内部团队的和谐度评分都较高，那么就很有可能被委派该单。

以网约车为例，抢单与派单的流程分别如下。

- 抢单流程：乘客下单→后台系统分析→推送给司机端→司机抢单→系统筛选→交易开始。
- 派单流程：乘客下单→后台系统撮合→指派给指定司机→交易开始。

上述二者的本质区别在于交易形成的机制不同：派单是后台系统撮合，抢单是供给端主动选择需求。在抢单流程中，"司机抢单"这一步的意义在于，通过多人抢单提高接单的可能性，通过主动抢单的模式避免因平台派单策略不当而产生的负面反馈。从某种意义上说，让司机抢单是平台将自己该做的事情分摊给了司机，最终目标是将订单分发给最可能接单的人。这样既能保证接单率，也保证了司机的利益。但是如果想达到这两个目标，平台就需要保障有成熟的司机管控体系，主要涉及司机状态管理、等级体系和奖惩策略，以及保障司机能在平台规则下正常运营。

抢单机制中，算法的核心要素是能力胜任度和优先程度，其中，能力胜任度是基本要素。一个任务派出后，系统首先要评估抢单人的资格再将任务推送给合适的人，接着根据速度来决定分配给谁，然后完成任务与人的匹配。

在企业内部，抢单机制不适用于所有工作，因为企业有大量的工作需要以稳定的、循序渐进的方式来运转，只有特别同质化或者需要提升效率的工作才适合采用抢单机制。

5.3　能力透明

在企业管理实践中，人员的能力管理是最复杂的。由于这一复杂性和缺乏有效的技术手段，以往企业也只能更多地采用模糊的、定性描述的方式来进行管理。数字化时代的到来，使企业能够采用精准、数据化的方式对人员进行能力管理。

5.3.1　人员的数据化

人员的数据地图不是人员画像，而是为了产生最终的人员画像所需要准备的数据池。数据池是由许多数据库组成的，而数据库又可以分为很多的数据块。

1. 从岗位画像到人格画像

人是多元的，有弹性的，大多数人适合几个类别的岗位，而不是几个岗位。从人力资源经典的冰山模型角度分析，动力、价值观是最核心的，然后是性格，接着是能力、技能。描述人员时，更多要从根源出发，岗位画像侧重的是能力，人格画像侧重的是底层价值观和性格。

2. 从静态信息到全态信息

在信息化阶段或者说弱数字化阶段，人员的信息基本涵盖了入职简历、培训成绩、绩效业绩、成长轨迹、年终评价等方面，但依然存在企业场景和信息阶段性的局限。在数字化阶段，第一步就要实现全状态信息采集，如会议场景、客户评价等。

3. 从工作数据到生活数据

每个人在工作和生活中都会展现出不同的侧面，仅采集人员的工作数据还不能对其进行全方面的展示。消费数据、社交数据等也是不可或缺的数据元素，采集这些数据才能保证对人员的描述更加立体、全面、真实。

4. 从测评数据到无意识数据

数字化时代，我们强调的是大数据的相关性，无须测试，只需要把尽可能全面的数据与结果进行关联就好，让无意识数据与测评数据相互印证，还原真实的情况，实现透明和公正。

5. 从评价体系到互赞数据

传统的评价体系，如 360 度测评，依然会在关键领域发挥作用，但是当下我们可以从更多的网络渠道获取更广泛的数据，如领英对于专业人士的技能认证，以及微博博主的关注数据等。据此我们可以发现，口碑化、点评化、互赞化才是数字化评价的趋势。

5.3.2 数据标准

围绕人员的数据地图建立好之后，你会发现根据不同流程、不同状态、不同端口统计出来的数据会不一致，也就是说，数据无法被识别。数据标准化体系的内容包括策略、数据标准、工作流程、组织架构、数据管理，而数据标准本身又涵盖了数据字典、逻辑数据模型、元数据标准。数据规范包括数据建模规范、数据编码规则、数据集成规范。数据标准的制定是企业首席数字官的工作，而我们这里谈论的是人员的数据标准。现阶段人员的数据标准包含以下几个方面。

- 元数据格式：基础表单格式、数据等。

- 关系标准：社会关系、职业关系、网络关系等标签。

- 行为标准：工作行为的场景化、颗粒化设计。

- 能力标准：各能力维度、标签及能力项的设计。

数字化时代，人员的数据标准有了一个更为直接的应用，即将人员与任务的指标联系起来，可以根据不同阶段的任务，用算法进行匹配。简而言之，标准化的最终目标是便于机器识别，以此提升效率。

所以，人员的数据标准除了常规的信息字段的标签统一和语言统一外，更多的是以终为始，以与任务匹配的角度来制定标准，在算法执行中做基础工作。

5.3.3　人的数据采集

数据采集系统是基于计算机或者其他专用测试平台的测量软硬件产品来实现的，一般间隔一定的时间（采样周期）对同一数据进行重复采集。采集的数据大多是瞬时值，也可以是某段时间内的一个特征值。采集人员的数据可以从以下两个方面入手。

1. 业内数据

业内数据主要包括企业内的工作数据、非工作数据、动态数据。

企业内的工作数据最为简单，也符合信息化时代的思路，用标准的考核流程对应采集即可。

非工作数据是指企业的社群、留言板、群聊中的一些痕迹，需要对照数据模型来确定是否需要采集，也可以根据需要设计。

动态数据主要指过程中的留痕，比如会议中的图像和音频、物流中的动态信息等。

2. 业外数据

业外数据主要包括开源性数据、非开源性数据、公共系统数据。

开源性数据是指一些开放的数据，如常见的报道、网上的名人简介或者公开的奖项、企业查询中的基本数据等。

非开源性数据主要是指一些私密的数据，如在银行办理贷款所需要的一些资产证明信息、医院的病人信息等。

公共系统数据特指一些从政务系统中采集到的数据，比如道路交通监控、商场的电梯监控等。

我们会在不同的社交平台上留下一些自己的痕迹，有的时候是匿名信息，有的时候是实名公开的信息。

以上这些都是关于人的数据的采集渠道，数据本身是客体，我们需要注意的是采集时应遵守"情、理、法"。

5.3.4　数据清洗

数据清洗是指发现并纠正数据文件中的可识别错误，包括检查数据一致性、处理无效值和缺失值等。与问卷审核不同，数据录入后的数据清洗工作一般由计算机完成。

5.3.5　人员数据的确权

数据的产生者主要享有数据产权，但不能独享使用权。产权是一组权利的统称，包括财产的所有权、占有权、支配权、使用权、收益权和处置权。如果数据是具有价值性、独立性、稀缺性与可支配性的资源，则其具有财产利益属性。站在人力资源的视角，如果我们在数据地图上明确了员工的数据中有一部分必须来自非工作部分，那么这部分数据的确权就显得十分重要，尤其是与隐私息息相关的数据。应该注意以下问题。

- 丰富企业内部数据的维度。员工在工作时间、工作场景中留下的数据一般不涉及特别隐私的问题，所以从数据地图的设计角度考虑，应该以企业内部数据多角度、多流程的获取为主。

- 使用数据前与本人确认。在所有的数据生成之前，需要有一个确认环节，让员工清晰地知道自己在这个平台上有可能会留下痕迹。

- 获取本人自愿公开的数据，如本人在微博中自愿展示的照片、文章等。

- 选择开源性数据时也要注意确权，因为开源性数据也可能是非本人自愿公开的数据。

5.3.6　人员数据的安全

数据作为一种信息，其安全的实质就是要保护信息系统或信息网络中的信息资源免受各种类型的威胁、干扰和破坏，即保证信息的安全性。根据国际标准化组织的定义，数据信息的安全性主要是指信息的完整性、可用性、保密性和可靠性。有人可能会觉得维护数据安全是信息部门的工作，与人力资源部无关，其实不然，因为数据的泄露是由一个个流程和节点促成的，所以需要人力资源部深度参与，同时需要人力资源部把员工的隐私放在第一位。因此，实现人员数据的安全可以从以下几个角度来考虑。

- 与员工全流程确认。

- 设计数据获取节点，逐一复核安全性。

- 采用最新的数据安全技术。

- 制定相应的制度，保障安全。

- 确定独立的职责，甚至设立专门的部门以确保安全。

当把人力资源信息数据化后，便可在人力资源的蓝图上尽情描绘，无论是人才选拔、人才评估、人才发展、人才激励还是人才保留，都可以通过人力资源数据池稳步推行，如表 5-1 所示。

表 5-1

项目	人才选拔	人才评估	人才发展	人才激励	人才保留
衡量、数据分析和规划					
优化	新员工入职管理对员工价值产出的影响	绩效管理对员工价值产出的影响	职业发展体系对员工价值产出的影响	薪酬竞争力对员工价值产出的影响	弹性工作制度对员工价值产出的影响
预测（预测分析法）	降低员工流失率对企业利润的影响	高绩效员工比例对企业利润的影响	调整员工结构对企业利润的影响	增加薪酬竞争力对企业利润的影响	提升员工敬业度对企业利润的影响
关联（交叉分析法）	员工敬业度与客户满意度的关联性	管理幅度与企业效能的关联性	员工IDP（个人发展计划）执行情况与员工满意度的关联性	人工成本与企业利润的关联性	员工离职率与客户满意度的关联性
描述和对标（对标分析法）	新员工敬业度：试用期离职率、招聘成本、招聘周期、招聘漏斗	绩效分布：高绩效员工人效、管理幅度	员工继任计划、人才梯队情况	人工成本回报率（对应的利润、销售额等）	员工敬业度：流失率、缺勤率、内部流动率等

5.3.7　数据透视下的才能与观念

如何识别人才一直是令企业头疼的问题，经多方实践和总结，我们大抵可将识别人才技术的发展历史分为 3 代。

第一代是**靠人的眼力和经验**。

第二代是**依赖人才测评模型**。有了人才测评模型后，企业对人才的识别开始有了理论的支撑和方法论的指引。

第三代是**依靠"数据 + 算法"**。这种对人才的评估可以从两个角度切入，一个是"才"，另一个是"德"。评估"才"使用的是"能力算法"，评估"德"使用的是"价值观算法"。

1. 能力算法

企业在进行分工的时候，会习惯性地选择"定岗"而不是"定能"。其实，合理的用人逻辑是基于企业战略目标体系解构出业务体系，再推导出能力体系，最后根据能力体系的需求依次分解出能力单元和最小的能力元素。从能力需求出发，找到具备相关能力特征的人，这就是"定能"。

企业定能选人时，需要通过能力分析模型识别出不同人员的能力倾向。不过之前很多企业常用的胜任能力模型是基于岗位职责设计的，是"岗位胜任力模型"，所以我们要做的是首先开发出自己的"目标胜任力模型"，从实现不同目标的角度来解析出需要哪些能力。

抛开不同企业业务场景的差异性，我们可以简化出企业共性业务中的能力需求结构。随着数字化变革的逐步渗透，未来的组织会逐步演变成大后台、小前端

的范式。著名的铁三角模式，表面是由 3 种角色构成的，但本质是由 3 种基础
能力构成的，如图 5-3 所示。

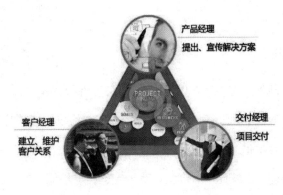

图 5-3

- **客户经理**要具备强化客户关系、提供解决方案、创造融资和回款条件、
  进行交付服务 4 个方面的营销能力，以及进行综合管理、经营和领导团
  队的能力。
- **交付经理**要具备与客户进行有效沟通和交付、提供服务解决方案、监控
  项目进度、进行问题预警，以及进行资源的获取配置等方面的能力。
- **产品经理**需要"一专多能"，能有效整合企业内部的不同专业领域，以便
  从解决方案的视角为客户创造价值、帮助客户走向成功。

可以用红、黄、蓝 3 种颜色来表示这 3 种基础能力。对大多数企业来说，
应用人才算法的第一步，就是给全部员工分别贴上代表不同能力的色彩标签。为
了做到这一点，企业要对这 3 种基础能力进行颗粒化解析，不同企业对这些颗
粒点的设计会略有不同，一般可以解析为知识、技艺、经验、体质、关系、资
质、财富等；最后再建立这些维度的权重系数，构建人才能力特征的要素关系
模型。

在获取了人才能力标签的相关颗粒数据后，AI 根据相应的人才算法通过对标签信息的读取、识别、筛选，自动为人赋予能力，并结合具体的任务项进行推荐和匹配。

2. 价值观算法

现有的人才测评方法中有对价值观、性格的测评方法，如大家所熟知的九型人格、MBTI（Myers-Briggs Type Indicator，迈尔斯 - 布里格斯人格类型测验）、PDP（Parallel Distributed Processing，并行分布加工）模型等，这些方法往往基于心理学、统计学等学科，有一定的科学价值和参考性。但是这些方法与数字化时代解决问题的方法之间存在两个关键差异。一是统计学与数据驱动两种方法论的较量。统计学在今天依然发挥着举足轻重的作用，但是用统计学取得结果需要有两个关键要素的促成——充足的样本量和数据的代表性，实现这两个要素非常不易。二是以上几种测评方法是基于社会关系中的通用场景的，而不是基于某类企业或者某个企业的具体情形，因此当应用于企业中具体的人时会产生误差。

而"数据 + 算法"的底层逻辑具有以下优势：一是不依赖统计的小数据，而是依赖全范围的大数据；二是在数据的相关性中找答案，而不是通过问卷测评猜答案；三是基于全过程"发现"，而不是节点"读取"，依赖人全场景的行为；四是可以大规模定制匹配，根据企业自身的特定价值观系统，通过算法识别人才的价值观是否合乎要求。

那么，企业对员工的价值观识别如何实现智能化操作呢？答案仍是"数据 + 算法"。首先企业需要定义出自己独特的价值观，比如大任智库（全称：江苏大任智库有限公司）的核心价值观是正道成功、学人所长、全力以赴。这 3 条需要进一步从场景行为中定义，即每一条在面向客户、面向同事、面向公众时有哪些典型的、可识别的表现。典型是效度的要求，可识别是信度的要求。在逐层解析和定义的基础上，为每一项具体的价值观行为建立数据采集的方法。要特别注意的是，价值观的识别需要进行全方位的观察和概括，绝不能"窥一斑而见全部"，而是要立体地采集数据，大致可以分为"经历——行为数据、成果——财富数据、评价——关系数据"。而这些数据主要在企业内的工作场合、工作系统中采集，也包括从员工的社交平台（抖音、微信等）获取，以便相对完整地识别员工的表现。把场景与行为要素概括出来，描述出可识别的要素标签，根据行为、场景等要素形成一个简化的价值观符合度模型，再用参数进行修正。企业刚开始建立模型时的数据量不够多，可以先使用通用模型的数据，在使用过程中不断进行修正，然后用数据驱动的方法建立几个简单的模型组，最终"进化"出最适合企业价值观的算法模型。

5.4　成长透明

企业的成长归根结底是企业人才的成长，缺乏成长的人才，企业的长期发展战略是很难支撑起来的。企业人才的成长要求企业建立有效的人才培育体系。

在数字化时代，企业通过人才培育的在线化和算法化，实现人才培育体系的智能化创新，使人才培育的体验更好、效率更高、成果更显著。

5.4.1 职业生涯导航图

1. 内容在线化

人力资源的特点是质量标准不确定、定价依据不确定、能力和态度一直在变化、产权无法让渡、受同伴或者关联人影响。所以企业既要用人，也要培育人。企业育人的内容分为 4 个部分：**入轨、入行、入手、入心**。

入轨： 从周期角度看，一名新员工晋升为高管所需要掌握的一系列知识和具备的能力素养。

入行： 从行业角度看，员工从新进入行业到最后成为业内资深人士所需要掌握的知识和具备的能力素养。

入手： 从技能角度看，员工从新手到管理层所需要掌握的技能和方法。

入心： 从价值观愿景角度看，员工从新手到成为核心业务骨干所需要掌握的理论和方法。

内容体系搭建好之后，就可以把这些梳理成图文、视频等传至企业的课程库里，企业的员工就可以自行开展在线学习了。

2. 学习在线化

学习在线化从功能的完备程度分析可分为以下 3 个层级。

- 基础级：一些规模型企业建设的线上学习平台，拥有大量的线上课程和基本的员工学习管理体系。
- 进化级：基于企业业务地图和员工职业生涯设计出的学习导航和内容站

点，以及不同阶段、不同模块的学习成效在线评测，如图5-4所示。

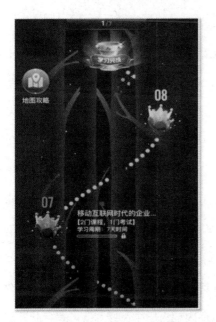

图 5-4

- 优秀级：结合行动学习，包括问题管理、研发团建、解决方案挖掘和知识共享等一体化的生产和分享企业知识的平台。大任咨询（现为大任智库）推出的改善系统就是这方面的应用，如图5-5所示。

图 5-5

3. 成长在线化

企业培育人的目标是使员工成长，但是员工的成长绝不是简单地通过几次培训课程就能实现的。基本的员工成长形式有培训、研创、展示、对标、试任，如图 5-6 所示。培训是指面向应用自主化，包含面向场景随时随地、面向问题自由课程、面向目标最新最好、量化评价测算效益 4 个部分。研创是指面向目标课题化，包括分析背景、揭示现状、设置目标、分析原因、确定对策、实施验证、推广应用等内容。展示是指多元舞台经常化，企业可以通过多种方式来实现，比如开放员工心声社区、组织文化节、建立员工发展论坛、打造开放创意空间等。如今线上社群层出不穷，内容也呈现多样化，文字、图片、视频皆可，还有即时的弹幕反馈和点评。对标是指内外双向标杆化，包括对外同行对标、同类对标、同等对标，对内组织对标、个人对标等。对标的第一件事是获取数据，然后自动形成目标看板并随时监督，同时可以在内部人员中选择对应的角色标签进行对标。试任是指干部选拔机制化，继任管理、任命管理、在岗管理互相循环并持续监督，不断优化选拔机制。当人员选拔出来后，可以采用相应的"标签表情"，进行继任干部的群组管理；人员绩效自动刷新后，根据机制晋升入组或者淘汰出组，不断循环，实现在线试任管理。

培训	研创	展示	对标	试任
面向应用自主化	面向目标课题化	多元舞台经常化	内外双向标杆化	干部选拔机制化

图 5-6

5.4.2　数据驱动的职业生涯

关于人才成长这个话题，相信每一位关注人才发展的人士都在长年累月地进行探索。大家都应该有一个统一的目标，就是能够根据自己或者企业的发展特质找到一种方法，帮助员工快速学习、加速成长。或许，实现这一目标的时机已经到来了——算法能够帮助企业匹配到更好的方法。

1. 知识图谱——算法时代的知识导航

知识图谱是什么呢？知识图谱本质上是语义网络的知识库。这样表述有点抽象，从实际应用的角度出发，可以把知识图谱简单地理解成多关系图。

（1）知识图谱定义具体的业务问题

在知识图谱里，通常用"实体"来表达图里的节点，用"关系"来表达图里的"边"。实体是指现实世界中的事物，比如人、地名、药物、企业等；关系则指不同实体之间的某种联系，比如人"居住在"北京，张三和李四是"朋友"，逻辑回归是深度学习的"先导知识"等。

（2）知识图谱的设计

知识图谱的设计是一门艺术，以企业内部成长的知识图谱为例，围绕企业内部成长这条线，可以分析出与成长有关的实体和关系有哪些，然后把出现频次较多的放在知识图谱里，出现频次较少的放在传统数据库里，多余的、重复的则可以删除。

（3）知识图谱的知识抽取

知识的抽取有两种渠道，一种是通过企业内部的结构化数据，另一种是通过外部的开源性非结构化数据。同时需要关注企业内部结构化数据的完整性，尤其是内部的一些知识成果要尽可能地数据化，而且也要通过结构化可持续地抽取。知识图谱具体应用在企业员工的成长阶段时，就要结合所在企业的业务特点和管理机制进行设计，具体包括：人、业务、项目、职位、培训、考试、书目、经验等，关系包括上下级、师徒、校友等。

在这一过程中，一方面要尽可能全面、动态地采集企业内的相关数据，另一方面要面向产业链或相关资源生态，开放性地采集外部相关数据，形成丰沛而鲜活的结构化知识生态场。在这一过程中，知识图谱的系统架构、应用开发、盗用评估和迭代升级都需要持续进行，其中算法是知识图谱的价值核心。知识图谱算法有两个主要的应用方向：一个是基于规则的，另一个是基于概率的。鉴于 AI 技术的现状，基于规则的方法论仍然在垂直领域中占据主导地位，但随着数据量的增加和方法论的改变，基于概率的模型会带来更大的价值。基于规则的应用主要包括验证不一致性、基于规则的特征提取、基于模式的判断等。凡涉及关系时，知识图谱就非常有效，尤其在用人领域，可以帮助企业提升管理效率。

2. 问题管理

所有的行动都是为了解决问题，人才培养更要从确定问题开始。许多企业内部经常流传着一句话：提出问题的人很多，解决问题的人很少。这句话其实有一定的偏差。企业引进人才常常是为了解决某类问题，如业绩不佳、管理出错等，但是引进人才后发现并没有达到预期的效果，就将其归咎于某个人，这是不对的。这里就需要介绍一下由大任智库研发的改善系统，它结合了行动和学习，是包括了问题管理、研发团建、解决方案挖掘与知识共享等功能的一体改善化的生产和共享企业知识的平台。

问题管理是指大任智库经过大量的咨询实践，发现企业中的大部分问题往往来自 3 个方面：目标差距、运营障碍和外部竞争。因此，企业必须激励员工在工作中发现和提出问题。为此，在改善系统时设计了问题管理模块，员工可以在此自由提交问题。

研发团建是指员工提出的问题会在共享问题区公示，其中有企业标注为高价值的问题，同时附有"悬赏金"。员工可以自由申请领取解决问题的任务，复杂问题需要员工组团申领，这就是研发团建。课题小组是由职责、专业相关的成员构成一个"细胞体"组织，经组织审核后确认建立。

解决方案挖掘是改善系统的核心。课题小组群策群力，从问题研判开始，一步步找到可行方法，形成解决方案。这个过程集成了传统的精益管理和六西格玛等改善工具，以及后来加入的数据模型。

知识共享是指企业将已验证的解决方案标准化，形成新的标准或工艺流程，在系统里同步设置一键分享到组、群、事业部、企业、集团等，并保证这些新的标准或工艺流程可以不断被复制、孵化、应用。

3. 成长导航

成长导航是基于企业业务地图和员工职业生涯设计出的学习导航和内容站点，以及不同阶段、不同模块的学习成效在线评测。在线学习的智能进化级就是学习导航，它对员工的能力进行评测，然后用算法得出一套适合员工的成长地图并实施导航。

能力评测是指利用企业通用的能力图谱，根据员工自身的行为数据，评测出员工的能力结构和能力特征。要注意能力的结构和特征是有指向性的，随着业务类型和分工角色的变化，能力评价的度量指标也会发生变化，所以能力评测是动态的、附带组织假设的。

价值地图的作用是引导员工在企业事业版图中建立成长目标。基于价值增值的成长目标包括不同的维度，如职位晋升维、绩效收益维、能力提升维或关系完善维等。成长目标根据员工价值倾向和企业价值分布，提供个人的价值发现和价值地图。

学习导航是指有了价值地图后，根据职责或任务需求和当前员工的能力结构，导出相应的学习路标。在个性化的学习导航里，员工的成长形式分为培训、研创、展示、对标、试任几种任务类型，每种类型都会设置相应的内容、资质、对象等，以应对不同的学习需求。这些都是根据算法自动生成的，是员工成长的智能助理。

成长阶梯是指："你不成长，任何人也帮不了你"，所以最终决定一个人高度的还是他自己。大任智库研发了成长阶梯循环系统，即"人生校准日 + 目标 + 行为方阵 + 复盘室"。人生校准日就是每个人选择一个特殊的日期（生日、入职日或其他），在该日期进行一次多向度的成长评价。人生校准的检验方式是通过"家人眼中的我""同事眼中的我""自我眼中的我"3 种视角的分析对照，发现自己真实的一面，寻找优点，建立信心。然后建立新的目标，进入行为方阵（目标值与现实量的交互中，个体努力与群体协作的相互作用），最后再进行阶段性的复盘。

4. 智能辅导

运用 AI 技术进行智能辅导，不但可以显著改善辅导体验，而且效率也有显著提高。

在驾考培训中，驾校逐步利用机器人教练来辅导学员掌握驾驶技术。

用于练习的车辆上安装有机器人教练，在练习过程中机器人教练可以通过语音、文字等方式实时提示学员操作要领。

驾校可以通过后台数据分析学员需要进行强化训练的内容，从而为学员制订下个阶段的强化训练计划。

第 6 章

透明学习：问题改善与知识创新的成长网络

从工业时代迈入数字化时代，新形势、新技术、新人才正在改变商业模式、组织形式和学习方式。人才对于企业来说是一项非常重要的资产，而人才的成长离不开学习。对于企业来说，员工需要学习什么内容、应达到什么样的效果、企业给予员工什么样的资源和支撑，这些问题的答案往往不是那么清晰。而员工也面临着学习成长的方向到底在哪里，是不是只能"被动"地上课，这些课程到底有没有实际用处，学习效果到底好不好等问题。

所有这些问题的答案，似乎都是比较模糊的。

数字化时代的到来，让一切不确定性都在增加，数字化的力量正在不断冲击和颠覆传统的认知、思维和管理实践。企业该如何应对？其实，无论是企业还是个人，终身学习才是应对不确定性的可行之道。有效的学习需要新的方法、新的思路、新的工具，有效的学习在企业场景下是基于解决实际问题的学习，工业体系下的"模糊学习"需要进化到数字化时代的"透明学习"。

6.1 发现问题

6.1.1 定位问题

企业从创立开始，就会遇到各类问题，如人才瓶颈问题、技术创新问题、内部管理问题、战略发展问题、市场竞争问题、宏观环境问题等。面对这些问题，企业若能解决得好则得以继续生存发展，若解决得不好则可能会陷入困境。

发现问题往往是从产生疑问开始的，这些疑问可能来自直观感觉，可能来自数据的呈现，也可能来自他人的反馈等。当产生疑问的时候，你会不自觉地去验证一下。比如，有人反映产品出了某种问题，你就会通过各种渠道去验证该问题是否真的存在，如图 6-1 所示。

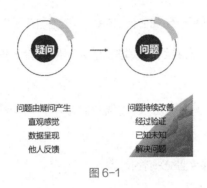

图 6-1

通常，可以从 3 种渠道来发现企业运营中存在的各种问题，即目标差距、运营障碍、外部挑战，如图 6-2 所示。

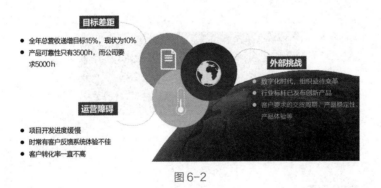

图 6-2

6.1.2　定义问题

当发现了问题之后，就需要定义问题，以便可以清楚简明地将问题传达给他人。这里介绍一个定义问题的小工具——"5W1H"，即 What（什么）、Where

（哪里）、When（时间）、What extent（程度）、Whom（谁）、How do I know（依据）。

- What——什么产品？流程是否有缺陷？缺陷是什么？

- Where——缺陷在产品的什么位置？在流程的哪个环节？

- When——第一次看到该缺陷是什么时候？其历史记录是什么？是否有固定模式？

- What extent——多少产品的流程有缺陷？每个产品的流程中有多少缺陷？其趋势是什么？

- Whom——谁受到此缺陷的影响？

- How do I know——我是怎么知道的？是否有标准？

比如，图 6-3 所示的问题的描述就比较清晰、准确，信息在传递的过程中基本不会出现失真的情况。

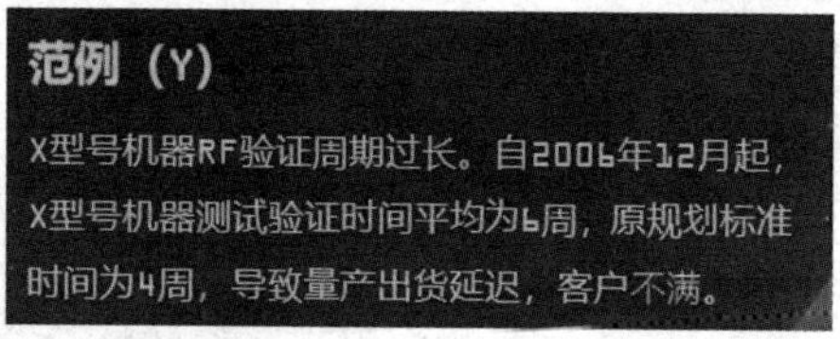

范例（Y）

X型号机器RF验证周期过长。自2006年12月起，X型号机器测试验证时间平均为6周，原规划标准时间为4周，导致量产出货延迟，客户不满。

图 6-3

6.1.3 管理问题

面对各类问题，企业一般会通过开展"合理化建议"等活动来收集企业内部的种种问题，问题提报后经过确认，最后交由负责人解决。此外，还有企业会配套一个信息化平台来支撑合理化建议的管理，如图 6-4 所示。

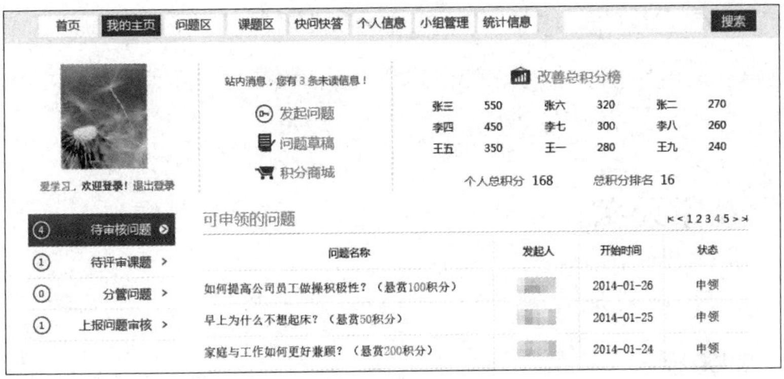

图 6-4

上述管理过程看似没什么问题，实则有隐患。比如，问题可以由一个人解决还是需要团队的力量，往往是没有特别界定的，但问题要得到解决，这一点必须明确，所以需要在问题管理过程中增加一个"申领"的流程，如图 6-5 所示。申领问题的可以是个人，也可以是小组；要注明申领者应具备的能力。申领请求提交后，需要经过审核才能确定由谁或由哪个小组来解决这个问题。

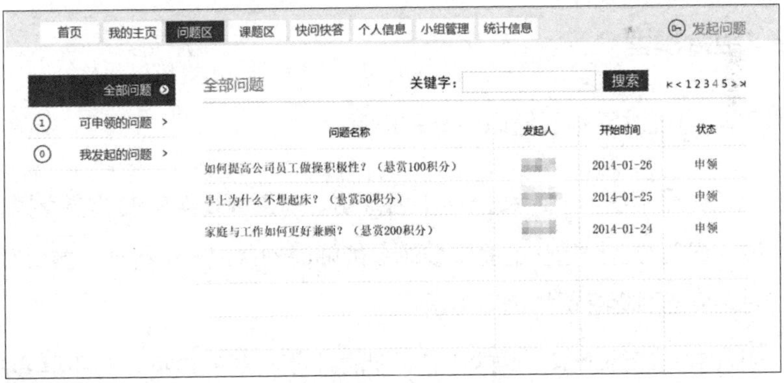

图 6-5

经过这个过程遗留下来的问题可能比较复杂，需要更深层次的问题解决流程——课题攻关。

综上所述，可以将透明学习中问题管理的过程归纳如下：自主发布问题→问题审核评价→问题公示→问题申领→问题申领请求审核→课题攻关。

6.2 小组攻关

6.2.1 对象范围

对于没有标准答案，或者解决起来相对复杂的问题，需要成立学习小组来进行课题攻关。

把具有不同专长的人集合在一起形成一个组织，授权他们去解决问题和做出决定，他们将会创造出更好的结果、更快的结果、更有效益的结果。这样的组织称为团队。

6.2.2 组合模型

透明学习小组中可以设置以下 5 种角色。

- 组长：在组织内发起和推动小组行动，提供计划实施的资源支撑，对完成目标负责。对组长的基本要求是能够深刻认识小组行动的意义和价值，有高度的目标意识和进度意识。

- 引导者：设计小组行动的内容，把握小组行动的过程。对引导者的基本要求是要具备良好的沟通和协调能力，做事认真，有热情，有较好的心理素质。

- 计时人：根据确定的流程和时间节点进行进度提醒和控制。对计时人的基本要求是要严谨、明确、忠于职守。

- 记录人：对讨论过程及各种发言进行记录。对记录人的基本要求是要认真、细致、理解能力强、文字基础好、记录速度快。

- 小组成员：参与研讨与执行，是解决问题的主体，并致力于自身的学习与发展。对小组成员的基本要求是要对问题有基本的认识，关注问题的解决，专业背景体现互补性。

6.2.3　行动模式

如果团队没有好的工作流程，纵使团队成员了解并认同目标、角色清楚且成员之间的关系良好，团队也无法实现最大的效益。在小组中，团队成员需要有共同承诺的工作方式。

- 严格遵守团队约定的目标和进程计划。

- 主动发言，主动参与。

- 以开放的态度倾听、反思和总结提炼。

- 善于质疑，激发小组成员思考。

- 聚焦问题的讨论和解决，不进行人身攻击。

- 主动接受团队分工并支持他人工作。

在课题攻关的过程中，团队成员需要注意会议管理、冲突管理和决策制定。

首先是会议管理，需要找到项目团队会议的准备、指导与进一步实践的方法。

为了提高会议的效率，有必要加强会议管理，做好会前准备、会中控制和会后跟踪 3 个环节的工作。会前要明确会议的目标，确定会议的议题、基本程序等；会中要有效控制会议的议题、进程及成员的行为，消除成员对议题的误解，有效处理意见分歧，鼓励积极发言，避免压制建议；会后应将会议内容整理成会议纪要，会议纪要包括下一步工作的责任人、完成时间、验收标准等。会议的关键在于落实，使会议做到议有决、决有行、行有果。

然后是冲突管理，找到有效处理团队成员间冲突的方式。

- 减少差异性，通过改变或消除导致差异的各种条件，直接抵制分化，包括消除形式上的差别和培养共同经历等方法。

- 增进沟通和理解能够消除刻板印象带来的偏见和负面情绪，增进彼此间的理性认识。组织管理中常用的沟通方法有对话法和组间镜像法。对话法是指通过团队成员之间正式或非正式的交谈来讨论彼此的分歧，在了解各自基本设想的基础上构建团队共同的思维模式。组间镜像法是指双方发生冲突时，为其提供一个能充分表达各自观点、讨论分歧的机会，并最终通过改变错误观念来找到改善双方关系的途径。

- 增加资源无疑是解决由资源匮乏导致的冲突的最直接、有效的方法。当然，管理者需权衡增加资源的成本和冲突带来的损失。

- 明确规则与程序能够有效解决由模糊性带来的冲突，尤其是当资源匮乏时，需要明确规定如何分配和利用资源。这有利于消除误解，建立公平、公正的工作环境，增强组织的凝聚力。

最后是决策制定，找到能使团队做出高质量决策的有效方法。

- 首先要明确决策的问题所在，即要明确决策的目的性，而不能随意地做出决策。

- 任何决策都有利弊，没有十全十美的决策。做决策之前要权衡决策带来的后果，综合分析利弊关系，这样做出的决策才更科学，并减少失误。

- 做决策前，要跳出固有思维，以旁观者的身份去判断这一决策是否合理。

● 基于更大的时间跨度去思考如何做决策，比如考虑一个决策对 5 年或 10 年后的影响，而不只是考虑眼前的利弊。

6.3　进程透明

6.3.1　课题背景

当找到要改善的课题后，仍需对课题题目进行背景描述，一个具体的实例如表 6-1 所示。

表 6-1

项目的缺陷或设计特征是什么（必须是可量测的）	可量测的缺陷或设计特征的基本单位是什么（此基本单位将作为未来六标准差项目成功的量测依据）
RF 测试周期过长 Hobbes：（1）规划 RF 测试周期 30 天（不包含 ENG Debug 时间）：两个项目 3 部手机 （2）实际 RF 测试周期 49 天（包含 ENG Debug 时间）	RF 测试周期（天数）
此缺陷或设计特征基本单位历史的基线值是多少	项目缺陷或设计特征应有水平怎么样
Hobbes：（1）规划 RF 测试周期 30 天（不包含 ENG Debug 时间）：两个项目 3 部手机 （2）实际 RF 测试周期 49 天（包含 ENG Debug 时间）	（1）规划 RF 测试周期 15 天（不包含 ENG Debug 时间）：两个项目 3 部手机 （2）实际 RF 测试周期 25 天（包含 ENG Debug 时间）
预估项目必须改善或重新设计的幅度	对部门/企业有什么影响
（1）RF 测试周期不包含 ENG Debug 时间：可提前 10 天 （2）RF 测试周期包含 ENG Debug 时间：可提前 14 天	以开发 3 个阶段 EVT/DVT/PVT 计算，共可提前上市 14×3=42 天

注：RF：Radio Frequency，射频；ENG Debug：工程师排除故障；EVT：Engineering Verification Test，工程验证与测试；DVT：Design Verification Test，设计验证与测试；PVT：Production Verification Test，生产验证与测试。

- 项目的缺陷或设计特征是什么。

- 可量测的缺陷或设计特征的基本单位是什么。

- 此缺陷或设计特征基本单位历史的基线值是多少。

- 项目缺陷或设计特征应有水平怎么样。

- 预估项目必须改善或重新设计的幅度。

- 对部门/企业有什么影响。

6.3.2　目标透明

当准备工作就绪，课题攻关就可以进入实际操作环节，第一步就是要确定改进的目标。设定目标时应采用 SMART 分析法。

- 明确的（Specific）：它能解决真正的业务问题吗？

- 可衡量的（Measurable）：如何量化问题、建立基线并设定改进目标？

- 积极且可以达成的（aggressive yet Attainable）：目标是可达到的吗？项目的完成日期是可行的吗？

- 与企业目标或顾客满意度有关联的（Realistic）：目标和业务目标有紧密联系吗？

- 有时限的（Time-based）：已经设定了目标完成日期吗？

目标设定过程中，可以从客户的要求、业内外的标杆、关键指标的要求等方面来确定具体的目标值。但是，很多时候并没有这些数值可参考，这时就需要一个被普遍接受的改进幅度——70%，也就是说，要缩小当前基线和最佳水平间的差距，通常项目的目标是希望把这个差距缩小至少 30%。

下面来看一个案例：一家制造手机的工厂进行一个手机 RF 测试问题的课题

攻关，该工厂通过收集历史数据得到历史基线值是 41 天，最短的测试时间是 21
天，那么根据 70% 的改进幅度，最终的目标值可确定在 27 天，如图 6-6 所示。

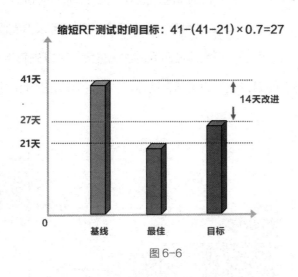

图 6-6

6.3.3　挖掘原因

确定了课题攻关的目标之后，就要进入原因分析阶段，找到影响目标达成的
因素。这里简要介绍 3 种工具：柏拉图表、因果图、因果矩阵。

1. 柏拉图表

柏拉图分析法是 19 世纪的经济学家维尔法度·柏拉图首创的一种分析方法。
柏拉图分析法背后的理念是把数据按顺序排列，一般以柏拉图表展示。与棒形图
表一样，柏拉图表分析展示的是分布，但柏拉图表中的柱形是由多到少排列的，
并用一条折线来反映柱形的累计百分比。

柏拉图分析法经常用于分析发生频率、提取并展现主要因素的场景，以此来

缩小处理范围。

　　来看一个应用范例。RF 测试时间包括正常测试时间、Debug（排除故障）时间、重新测试时间和等待样品时间等。根据历史数据，可以得到图 6-7 所示的柏拉图表。从中可以看到，正常测试时间的占比最大，可以先着手于正常测试时间的改善。当然，如果有充足的资源、精力等，也可以改进所有的测试流程。

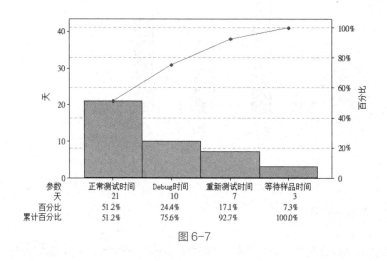

参数	正常测试时间	Debug时间	重新测试时间	等待样品时间
天	21	10	7	3
百分比	51.2%	24.4%	17.1%	7.3%
累计百分比	51.2%	75.6%	92.7%	100.0%

图 6-7

　　柏拉图表可以用于在资源有限的情况下，先集中资源解决某一段流程或某一些分指标，以最平衡的资源分配来实现最后的目标。

2. 因果图

　　因果图是由石川馨发明的，故又名石川图；也因外形像鱼骨，又名鱼骨图。鱼骨图是一种发现问题根本原因的方法，其特点是简洁实用、深入直观。鱼骨图看上去有些像鱼骨，问题或缺陷（即后果）标在"鱼头"处。鱼刺上按出现频率列出产生问题的可能原因，有助于说明各个原因是如何影响结果的。

鱼骨图是一种透过现象看本质的分析方法。鱼骨图在生产场景中用于形象地表示生产车间的流程；在制造场景中，鱼骨分支维度可用"人、机、料、法、环、测"来进行分析；在管理场景中，可用"人、事、时、地、物"来进行分析。

在鱼骨图的制作过程中，需要注意以下几点。

- 进行"5Why"分析（见图6-8），以找出更具体、更明确的原因。
- 需要注意是否明确地表示了原因和结果的关系，并应考虑所有可能的因果关系。
- 不要直接列"解决方法"。

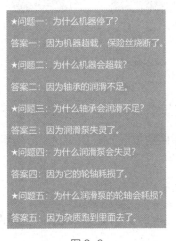

★问题一：为什么机器停了？

答案一：因为机器超载，保险丝烧断了。

★问题二：为什么机器会超载？

答案二：因为轴承的润滑不足。

★问题三：为什么轴承会润滑不足？

答案三：因为润滑泵失灵了。

★问题四：为什么润滑泵会失灵？

答案四：因为它的轮轴耗损了。

★问题五：为什么润滑泵的轮轴会耗损？

答案五：因为杂质跑到里面去了。

图 6-8

"5Why"分析法又称"5问法"，也就是对一个问题连续问 5 个"为什么"，以究其根本原因。但使用该方法时不限定问题个数，而必须以找到根本原因为目标，有时可能只要问两个为什么，而有时可能需要问十几个。

下面来看一个鱼骨图的实例，如图 6-9 所示。需要注意的是，鱼骨图中有一些是人为不可控的因素。这里的可控或不可控其实是相对的，比如正常的生产场景中无法控制下雨还是不下雨，但是在一个相对密闭的环境中，我们是可以控制温度、湿度等因子的。

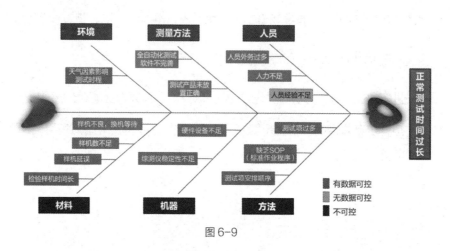

图6-9

3. 因果矩阵

接下来利用前面的工具筛选出所有影响结果的因子，从中确定少数重要的因子，以有限的资源达到最佳的效果，图6-10所示的因果矩阵样例可作为参考。

以下几点需要注意。

- 单一输入指标可能同时影响多个输出指标，利用相关性评估方法可区分输入指标对不同输出指标的影响。
- 输出指标的重要性并非一致，必须确定优先级并指定适当的权重。
- 通过小组讨论及头脑风暴对影响结果的原因达成共识。

因果矩阵的制作过程如下。

- 在表格上方列出输出指标。需要注意的是，这是客户驱动的输出指标。

流程		权重	10	6	4	2	8	总分
			正常测试时间/天	重新测试时间/天	Debug时间/天	等待样品时间/天	测试结果规范	
测量	全自动化测试软件不完善		1	3	3	0	1	48
	手机未放置正确		1	0	3	3	0	28
人员	人员外务过多		1	0	0	1	1	20
	人力不足		3	1	1	3	3	70
方法	不同测试设备所搭配的测试软件版本		3	9	9	1	1	130
	缺乏SOP		3	1	1	1	0	42
	失败项目须再手动确认的流程		9	3	9	3	1	158
机器	硬件设备不足		1	1	0	3	3	46
	综测仪稳定性不足		9	0	9	3	3	156
材料	综测仪的摆放和连线		3	9	1	9	3	130
	样机数不足		1	3	3	0	1	48
	更换样机时间过长		9	9	1	3	9	226
	检验样机时间长		1	0	1	1	1	20
准备测试设备	综测仪数目		3	9	0	1	1	94
	电源供应器数量		3	1	1	1	0	24
	开启测试仪及电源供应器并暖机		1	3	3	0	1	48
	开启计算机中的自动化测试软件		1	0	3	3	0	28
	测试仪器初始化		1	3	3	0	1	48
连接测试设备	安装RF接收器与综测仪RF端口		1	1	3	3	0	34
	连接RF光纤与手机测试孔		0	0	1	1	1	14
开始测试	测试信道数		9	1	3	3	1	122
	测试电压数		3	9	0	1	1	94
	测试环境温度		0	3	1	1	0	24

图 6-10

- 客户确定的优先级以1~10的等级表示：数值越大越重要。

- 在表格左侧列出利用鱼骨图等分析工具筛选出的因子。

- 评比输入指标对各输出指标的影响的贡献度。以头脑风暴的形式共同讨论每项输入指标对各项输出指标的重要性，以1~10的等级来表示。

- 将每一输入指标对各输出指标的重要性相乘之后做加总，得到每一输入指标的总分。

- 由总分确认关键因子的优先级。

6.3.4　对策透明

确定了影响最终指标达成的重要因子后，就要制定针对每个因子的解决对策了。在这个阶段，需要先产生方案构想，然后整合方案构想，最后分析选择哪些方案进入实施验证阶段，如图6-11所示。

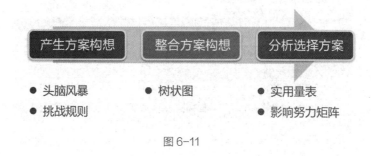

图6-11

1. 产生方案构想

可以通过头脑风暴构想方案，步骤如下。

- 花5分钟在纸上写下3个关于解决问题的想法。

- 将写好的纸张传给右边的成员。

- 同时也收到左边成员记录着他想法的纸张，在这张纸上写下另外3个对解决问题的想法。

- 强化纸张上的想法。

- 对纸张上的想法加以变化。

- 加入全新的想法。

- 视小组的人数重复前面的步骤，直至每个人都在每张纸上写下他的想法。

2. 整合方案构想

经过头脑风暴讨论出各种解决方案后，需要对其进行整理。用树状图工具来整合解决方案，如图6-12所示。具体步骤如下。

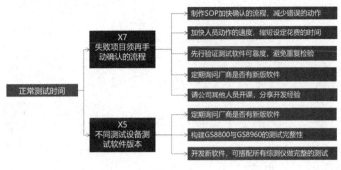

图 6-12

- 列出一个可行的目标。

- 问"要做什么才能达到……"。

- 继续问"要做什么才能达到……"，直至到达可行动项目。

- 结束时应列出一个可行的项目列表。

3. 分析选择方案

经过头脑风暴等方式产生的方案构想一般比较多，需要进一步筛选。这里，需要用到两种工具——实用量表和影响努力矩阵。

实用量表可以帮助成员充分发挥创意，用于头脑风暴后判断天马行空的想法有无可用的成分，如图 6-13 所示。使用实用量表的基本规则如下。

- 在纸张上画量表。

- 把天马行空的想法写在便利贴上。

- 把便利贴贴在量表的适当位置。

- 专注于量表上不可行的想法，并讨论其可用之处。

- 把精心筛选的想法放进小组会考虑的选择矩阵内。

● 通过亲合图及树形图产生构想。

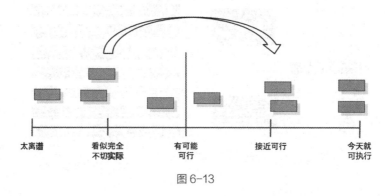

图 6-13

　　当梳理完解决方案后，会形成太离谱的方案、看似完全不切实际的方案、有可能可行的方案、接近可行的方案和今天就可执行的方案。需要进一步确定哪些是最后可以采用的方案。借助影响努力矩阵，就可以清晰地知道哪些解决方案是要优先考虑的，哪些是应少做或者不做的，如图 6-14 所示。

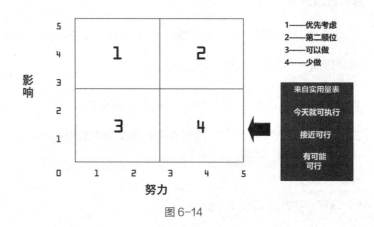

图 6-14

6.3.5　验证解决方案

　　确定了解决方案后，就需要进一步验证解决方案是否有效。如果试运行后项目的指标并没有改进，那就必须回到"对策拟定"中，再一次按照产生方案构想、整合方案构想、分析选择方案的流程找出最佳解决方案，如图 6-15 所示。

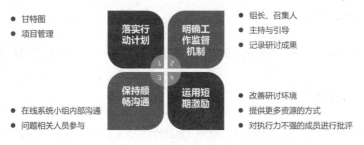

图 6-15

在验证解决方案的过程中要制订严格的行动计划、指定相应的责任人和确定每项行动计划的时间节点，以确保整个验证过程的及时性、有效性，如图 6-16 所示。

序号	行动	责任人	时间		进度跟踪检查
			开始	结束	负责人/时间
1					
2					
3					
4					
5					
6					
7					
8					
9					
…					

问　题：　　　　　　　　　　　　　　　　　；
小组成员：　　　　　　　　　　　　　　　　。

备注：1. 如果不止一个人负责，应确定主要的负责人；
　　　2. 进度跟踪检查负责人通常为上级领导。

图 6-16

6.3.6　成果透明

确定了解决方案的有效性之后，需要把这些成果固化下来，既可以制定一些

SOP（Standard Operating Procedure，标准作业程序），也可以开展经验分享、可视化呈现、积分奖励、行业推广等活动。

1. 制定SOP

只有制定了SOP，执行对策时才有标准可遵循，未来才有可以稽核的依据。

2. 经验分享

课题汇报、经验分享的目的是透过系统化的方式，将项目经验呈现出来。了解项目的正面与负面经验可以避免再犯同样的错误，并借此发掘更多的机会。

3. 可视化呈现

借助透明学习平台，通过数据的逐步积累，企业可以直观地看到人才的成长路径和进一步的提升方向，形成一个相对精准的人才画像，充分发挥每一位人才的潜能，解决人才与岗位/任务之间不匹配的矛盾，同时也可以使人才快捷地找到适合自己的工作岗位/任务，如图6-17所示。

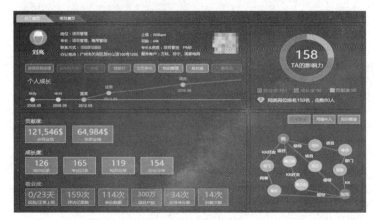

图6-17

4. 积分奖励

从问题发布、问题申领到课题攻关的各个环节，均可设置积分奖励，以提升透明学习小组所有成员的积极性。积分可以通过积分兑换渠道兑换实物或虚拟物品奖励，如图 6-18 所示。

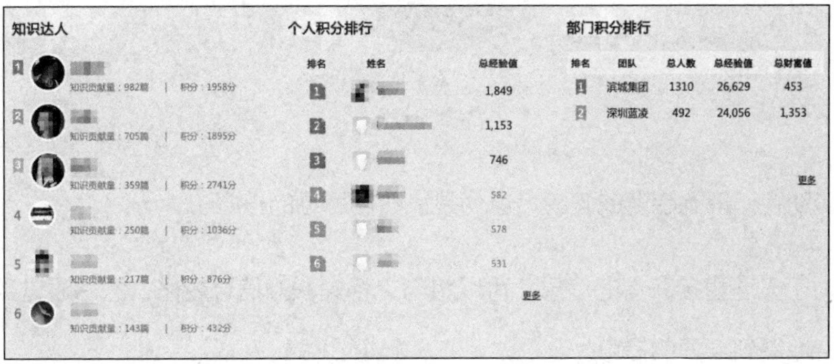

图 6-18

5. 行业推广

企业通过透明学习小组解决问题，一方面能提升成员的个人能力和组织效率，另一方面也能积累大量的问题库、解决方案库、知识库等非常重要的数据资产。这些数据资产可以在所在的行业内，甚至在整个社会协同网络中进行推广、进化，如图 6-19 所示。

6.3.7　大数据解决问题思路

前面提到，数字化时代的不确定性非常强，以至于难以确定各个因素之间的因果关系。在无法确定因果关系时，数据提供了解决问题的新方法——数据可以帮助消除不确定性，而数据之间的相关性在某种程度上可以取代原来的因果关

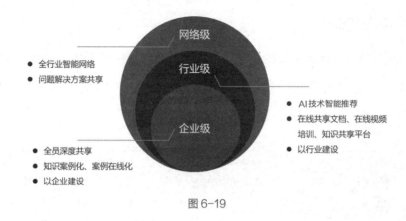

图 6-19

系，帮助我们得到想要的答案，这便是大数据思维的核心。

对于无法直接获得的信息，可以将与之相关联的信息量化，然后通过数学模型间接地得到所要的信息。

6.4 资源透明

6.4.1 解决问题的工具

在解决问题的过程中，会应用很多的工具。前面提到了 5W1H、柏拉图表、鱼骨图等工具，除此之外，我们还可以利用其他工具来解决问题，具体如图 6-20 所示。

掌握工具的应用并不难，难的是知道在什么情况下应用哪种工具。透明学习数字化平台中嵌入了各类解决问题的工具，企业据此可以清楚地知道在什么情况下该使用何种工具。

图 6-20

6.4.2　数据支撑

实现数据透明要在数据管理现状评估的基础上，进行数据管理目标和策略规划，设计数据内容、管理机制、IT 系统蓝图，搭建统一数据管理平台，实现跨系统统一检索等功能，最终实现数据的沉淀、采集、共享和利用，如图 6-21 所示。一般性企业数据分库的方式如下。

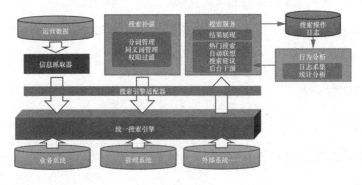

图 6-21

- 按部门职能，可分为职能部门数据库和业务部门数据库。

- 按数据类型，可分为流程制度数据库、项目成果数据库、综合业务数据库、经验案例数据库、培训资料数据库和外部信息数据库。

● 按业务过程，可分为市场营销数据库、研究设计数据库、生产管理数据库、物流管理数据库、服务管理数据库等。

从业务、技术、管理三方面来构建数据资产，识别核心数据的对象。业务需求导向是整个数据资产的核心，但是不同企业在使用的时候管理的内容是不一样的。

6.4.3 标准透明

企业标准是根据企业范围内需要协调、统一的技术要求、管理要求和工作要求所制定的标准，是企业组织生产、经营活动的依据。国家鼓励企业自行制定严于国家标准或者行业标准的企业标准。企业标准由企业制定，由企业法定代表人或法定代表人授权的主管领导批准、发布。

行业标准是对某个行业内的技术要求进行统一所制定的标准。行业标准不得与有关国家标准相抵触。有关行业标准之间应保持协调、统一，不得重复。若有替代行业标准的国家标准实施后，该行业标准即废止。行业标准由行业标准归口部门统一管理。

国家标准，简称国标，是包括语音编码系统的国家标准码，由在国际标准化组织和国际电工委员会代表中华人民共和国的会员机构——国家标准化管理委员会发布。

国际标准是指由国际标准化组织、国际电工委员会和国际电信联盟制定的标准，以及国际标准化组织确认并公布的其他国际组织制定的标准。国际标准在世界范围内统一使用，如图 6-22 所示。

标准库资源

企业标准	产品标准	研发标准	生产标准	管理标准	财务标准
行业标准	质量标准	服务标准	车间标准	技术标准
国家标准	质量标准	服务标准	环境标准	安全标准	技术标准
国际标准	质量标准	安全标准	环境标准

图 6-22

在透明学习数字化平台中，企业应融入当前企业或行业相关的各层级的标准文件，如产品标准、研发标准、生产标准、管理标准、财务标准、安全标准、环境标准等文件，以方便随时查阅或根据场景系统智能推荐。

6.4.4　智能助手

智能助手的每个板块中的内容均结合员工画像、热点、行为等因素，使用不同的算法模型，直观地呈现员工可能感兴趣的内容，增加员工与企业的信息链接点，如图 6-23 所示。

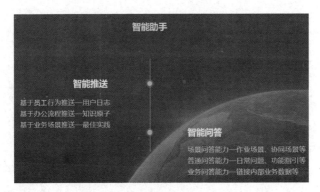

图 6-23

- 主动给员工推荐需要关注的企业发布的内容，节约员工时间。

- 推测员工需要，给员工推荐人工难以找到的内容，增强员工对系统的信任。

- 在重要的时间点给员工推荐合适的内容，让员工的工作有层次、有节奏地进行。

场景问答能力主要适用于对话式场景、表单提交场景、查看数据、协同协作、培训学习等。

普通问答能力主要适用于企业日常问题解答、功能使用指引等。

企业内部业务问答能力通过接口、日志等方式快速链接内部业务主数据，通过搜索索引库更快获取内容数据，主要用于处理人与物的关系、物与物的关系、人与人的关系、访问权限等。

第 7 章

透明实践：品牌升级和生态再造的先行样例

7.1 福瑞达生物股份透明工厂创新实践

7.1.1 企业简介

山东福瑞达生物股份有限公司（以下简称福瑞达生物股份）是福瑞达医药集团下属企业，成立于1998年，是山东省化妆品行业龙头企业、专精特新企业、瞪羚企业及高新技术企业。依托福瑞达医药集团国际领先的透明质酸（Hyaluronic acid，又名玻尿酸）研究与应用技术，率先将玻尿酸应用于护肤品，开创了国内玻尿酸护肤的先河。

妆药同源，科技美肤。背靠福瑞达医药集团强大的医药研发资源，福瑞达生物股份以制药理念研发化妆品，以制药标准生产化妆品；与山东大学、齐鲁工业大学、上海应用技术大学、上海交通大学、北京工商大学、山东省药学科学院等高校和科研院所成立技术研究中心和联合实验室；承担省、市级科技项目10余项，获授权专利28项，主导或参与制定化妆品行业标准10余项，2021年被认定为山东省技术创新示范企业。

近年来，福瑞达生物股份启动实施"4+N"品牌发展战略，专注玻尿酸护肤、微生态护肤、以油养肤、精准护肤等护肤科技和化妆品赛道，不断推出专利成分和独家配方，拥有玻尿酸、聚谷氨酸等核心原料优势；成功打造颐莲、瑷尔博士、伊帕尔汗、善颜、UMT、诠润、贝润等多个知名品牌；2021年"双十一"期间，颐莲、瑷尔博士销量双双破亿，多款产品跻身电商平台TOP榜单。

7.1.2　为什么选择透明化

所谓"透明工厂"，核心指的是数据透明，包括各生产节点和生产过程的数据都完全透明。现在，透明工厂已经成为解决传统制造业信息化系统面临的"数据孤岛"、经营决策支撑不足、产品难以跟踪等问题，提高行业自动化和智能化水平的必然选择。福瑞达生物股份的透明工厂，最初源于对如何以客户为中心的思考。

从消费者视角出发，让客户更信赖自己的产品。福瑞达生物股份主要为线上销售，随着自媒体的不断崛起，许多头部达人和经销商到工厂溯源参观，实现真透明可以更好地赋能品牌销售。而绝对的品质自信，来源于福瑞达生物股份多年来在品质管控方面的奠基。

从包装材料、原料的进厂，到配方用水、成品出厂，整个过程要进行 8 道检测，每一道检测都由福瑞达生物股份员工亲自执行。在透明工厂的生产车间里，常见穿黄色防护服的人员穿梭在生产线上。这些都是质量检测人员，员工亲切地称他们为"小黄人"。仅以灌包为例，在整个生产环节就有 3 次检测：一是灌装时，自动称量设备对净含量的检查剔除；二是喷码后，视觉检测的剔除；三是包装时，产品外观的视觉检测。再加上质量检测人员随线检查，福瑞达生物股份在品控方面可谓投入较大。

从制造者视角出发，将匠心制造融入福瑞达生物股份的血液。自 2021 年开始，新工厂以全流程透明玻璃可视化的模式运行，透明工厂的转型让福瑞达生物股份完成从做产品到做事业的心智模式的转变。从内部管理来看，福瑞达生物股份生产过程的管理水平和人员操作的标准化也有了巨大的提升，因为只有这样才能有底气去支撑全生产过程中每日不间断的参观和相关部门的监管，确保合规；而且作为透明生产模式的开创者，作为制造端，福瑞达生物股份肩负了更重的责任，因为福瑞达生物股份现在规模扩大，每年生产几亿个产品，透明的意义对于制造者来说，是不仅要给品牌方按时交付产品，还要交付超越行业质量标准的产品，这样才能够为公司各大品牌的业绩增长赋能，这也是生产制造者价值的体现。

从监管者视角来看，共同推进高质量行业标准。福瑞达生物股份的透明工厂不仅对消费者和制造者透明，还承担着作为山东省药品监督管理局执法人员培训基地的重要职能。福瑞达生物股份的透明工厂符合化妆品的整个生产流程的设计要求，空间设计最优化，物流距离最合理，适配敏捷生产制造。

7.1.3　怎样实施透明化

与国内同期创立的很多化妆品企业的发展路径不同，福瑞达生物股份做化妆品是从研发和生产开始的，而不是先做渠道和营销。依托母公司福瑞达医药集团的资源禀赋，福瑞达生物股份在国内率先提出了"妆药同源，科技美肤"的品牌定位，用制药理念研发化妆品、用制药标准生产化妆品，以更高的品质标准"降维"竞争。3 次厂区搬迁，不仅是产线产能的扩大，更是管理的升级革新。2019年，福瑞达生物股份在对智美科创园新的化妆品生产基地进行规划时，在集团党委的正确指导下，率先提出要以改革创新、高质量发展为契机，打造业界先进的透明工厂。

从项目最初的战略规划，到布局设计，以及园区项目施工、设备招标安装调试，福瑞达生物股份可以说是"第一个吃螃蟹"的人，没有太多参照物，只能摸着石头过河。而前瞻性的布局和从 0 到 1 的拓荒，也让透明工厂成为福瑞达生物股份的重要标签。如今，透明工厂的实现，不仅为福瑞达生物股份带来了明显的降本增效作用，更是帮助更多传统生产制造企业找到了精准解决生产管理和经营管理问题的方向。

从透明工厂的逐步落地来说，福瑞达生物股份打造了四大透明区域。

44000m² 的透明生产区域：按照化妆品及相关产品生产规范建成标准化、规范化、现代化的净化生产厂房，是中国北方单体规模最大的化妆品生产基地之一；设有十万级、万级配制和灌装车间，均属化妆品行业中的高标准；主要生产洁面、水剂、露乳、膏霜、原液、面膜等产品，拥有 35 条生产线，年产值超 40 亿元。

1500m² 的透明品质检验区域：品管部承担了原材料、水质、环境、产品等全过程的检测及质量保证工作；下设包材检验室、微生物检验室、理化检验室、留样室等，配备了进口的原料检测设备，如红外光谱仪、高效液相色谱仪等；从原料到成品，需历经 8 次质量检测，合格后方可出厂，且每批产品均留样观察 3 ～ 5 年。

2000m² 的研发创新实验室：福瑞达生物股份做化妆品以研发为起点，总部新建的具有"妆药同源"科研基因的研发创新中心于 2022 年 9 月正式投入使用；背靠福瑞达医药集团 3 个国家级科研平台、13 个省级科研平台，下设化妆品研究室、医疗器械研究室、原料研究室、工艺研究室、分析测试中心、功效评价中心等多个功能板块，拥有各类研发技术人员 100 余人。

15000m² 的透明仓储区域：配备约 1000m² 原料库的自有仓库，分为冷藏库、恒温库、常温库，总计货位近 900 个，存储原料超 400 种；原料线边仓面积 900m²。在信息软件方面，仓库引用了防差错系统、WMS（Warehouse Management System，仓储管理系统）、一物一码信息追溯系统：防差错系统实现了配料全过程追踪、精确称量、提高产品质量、减少原料浪费、降低成本、提高效益的多重升华；WMS 实现了平台化多仓协同、仓配联动、精细化货位管理；在智能化生产作业和数字化运营管理中，一物一码信息追溯系统实现了成品的全流程追踪。

7.1.4 透明化取得的成效

2021 年 9 月，福瑞达生物股份历时 3 年建设的透明工厂建成后向社会开放，经销商、政府、媒体、学校、专家、企业等各界人士纷至沓来，透明工厂很快声名鹊起……此举不仅给企业带来了强劲的发展动力，更给化妆品行业注入了强大信心。

该透明工厂在"点线面体全透明"方面取得了显著成效。

"点"透明，即在设计布局上实现物理性质的透明。从工厂人员的通道、收发货平台到各功能区的划分，经过多次的专家论证打磨，透明工厂以生产车间直线型设计布局，达到生产工艺流程最优化。动力运行、品管检验紧靠生产车间布局，以使输送距离最短，人员行走距离最短，做到能耗最低化、效率最大化。原辅料库、立库的仓储空间与生产流程对应，以使生产物料进料、产品出厂距离最优。

"线"透明，即在流程环节上实现数据源的打通。一方面是打通部门间的壁垒，实现系统效率最高；另一方面是通过 PLC（Programmable Logic Controller，可编程逻辑控制器）对产线数据进行抓取，将数据打通，实现协同高效作业。现阶段，福瑞达生物股份的透明工厂一方面通过云直播开启化妆品全产业链可视化先河，另一方面将课堂搬进工厂，搭建了产学研共创平台。同时，福瑞达生物股份采用体验式整合营销方法，将小程序售卖融合在工业旅游的客户参观中，在试运行接近一年的时间里，参观销售额超过 30 万元。

"面"透明，即在系统应用上实现企业组织上下环节的打通。整体制造供应链上下游的打通和互通，包含交付和品控两个模块。第一，从交付方面，让供应的柔性和弹性最大化协同，实现资源整合和共享，打造规模化的批量生产和订单制的定制供应双模式，实现 JIT（Just-In-Time，准时生产）——极致的上下游敏捷制造模式，最大化降低成本，提升供应效率；第二，从品控方面，将上游原辅包（原料、辅料、包材）和需求端的 QC（Quality Control，质量控制）标准、生产环境标准、体系标准等统一标准化、可视化、互联化，通过打造上下游的透明化、全供应链的品控一致性和可靠性来支撑行业极致的产品标准。

"体"透明，即推动化妆品企业及上下游、供应端与客户端的透明，实现生态级的打造。第一阶段是通过公司自身在制造端-产业链的透明模式打造，在核心运营指标如交付周期、质量缺陷率、人效等方面多维度提升产品的竞争力；最终通过在行业内的引领作用，带动化妆品行业的透明，带领中国化妆品制造走向高端智造；从而反向赋能中国化妆品品牌，培育和共创出世界一流品牌，这不仅是化妆品从业者的使命，更是中国制造业的长期使命和肩负的责任。

福瑞达生物股份在透明工厂投入使用后，系统管控产品品质，顺利通过"GMPC&ISO 三 体 系 再 认 证"（GMPC 全 称 为 Guideline for Good Manufacture Practice of Cosmetic Products，化妆品良好生产规范指南；"ISO 三体系"指 ISO 9001：2015、ISO 14001：2015 和 ISO 45001：2018）评审，荣获年度"美妆山东"质量标杆企业、山东省青年安全生产示范岗、济南市绿色工厂、第七届中国制造强国论坛"冠军企业"等荣誉称号。一项项荣誉加身，正是社会对高品质、高端制造的认可，体现的是企业的品质自信和对消费者的责任。

7.1.5 未来透明化设想

透明工厂也是绿色工厂，目前福瑞达生物股份正在着力打造智能工厂。实际上，从设计到施工、生产组织，再到执行，最后到销售的服务，内部的协作始终紧密，数字化的建设提高了各业务板块之间的协同效率；通过实时抓取及分析业务数据，优化了生产流程，并持续地进行改善，形成了 PDCA（P 指 Plan，计划；D 指 Do，执行；C 指 Check，检查；A 指 Act，处理）循环。

福瑞达生物股份透明工厂的数字化可以划分为 3 个阶段。

第一阶段是流程驱动的信息化。在这一阶段，福瑞达生物股份建立了稳定的质量体系和严格的生产规范，实现了实时管控，大幅提升了效率。

第二阶段是从产品开发到产品交付的整个供应链端的数字化管理。这一阶段实现了物料的透明、生产过程的透明、产品检验的透明；通过实现各系统之间的数据互联互通，提高了产品生产质量，提高了各业务环节之间的数据传递效率与业务协同效率。

在供应链端实现数字化之后，也将集成上游供应商，集成物流发货与调度，集成追溯查询，旨在实现从开发端到制造端再到营销端的数字化打通，这是福瑞达生物股份目前所处的第三阶段。

福瑞达生物股份将持续不断地对透明工厂进行更好的传播，不断提升赋能品牌销售的能力。在智能工厂的建设中，福瑞达生物股份计划引入 AI 技术，包括传感器、控制器、智能执行器等智能设备，实现生产流程的自动化和智能化。同时，通过智能调度系统、物流管理系统等，实现生产流程的优化。智能工厂旨在实现自预测和自适应，降低生产成本，提高产品质量和生产效率。

此外，福瑞达生物股份将积极对接山东省打造"北方美谷"的战略发展规划，履行国有企业的社会责任，与长江三角洲地区（简称长三角）、珠江三角洲地区（简称珠三角）化妆品产业集聚带相呼应，以山东济南为中心，将福瑞达生物股份打造成中国北方化妆品产业的第一高地。

7.2　中亿丰数字透明建造创新实践

7.2.1　企业简介

中亿丰数字科技集团有限公司（以下简称中亿丰数字）成立于 2019 年 4 月，是由中亿丰建设集团控股的面向数字经济时代倾力打造的专注于智能建造、数字建筑和新型城市基础设施的高科技公司。中亿丰数字致力于成为中国城市数字科技产业领跑者；作为城市数智化专家，让数字科技赋能美好生活是公司的使命。中亿丰数字是致力于创新数智引擎、创优智慧城市建设的国家高新技术企业，自主打造出数字孪生建筑快速应用开发平台 DTCloud，同时在新城建领域推出智能物联终端 Microdata 硬件产品，形成"软件 + 硬件"产品集成服务能力，并首创了智慧行业四大管理体系，即螺丝钉文化、螺丝钉设计、螺丝钉集成、螺丝钉服务，以智能建造、智慧办公、智慧交通、智慧医院、智慧文旅、智慧教育、智慧酒店、智慧照明八大产品形态，赋能建筑业数智化转型。

中亿丰数字还牵头成立了江苏省数字孪生建筑融合创新中心，成功申报了苏州市企业工程技术研究中心、苏州市相城区上市苗圃计划种子企业等；拥有各类发明成果、实用新型专利、软件著作权等研发成果百余项，担任中国安装协会智能化与消防工程分会副会长单位、中国建筑业协会智能建筑分会常务理事单位，具有电子与智能化工程专业承包一级、建筑智能化系统设计专项甲级、安防工程企业设计施工维护一级等多项行业顶级资质。

7.2.2 为什么选择透明化

中亿丰数字选择透明化建造是基于创业理念和产品特点、市场竞争和用户诉求，以及行业监管要求等多方面的综合分析和决策。透明建造能够为客户提供更高水平的透明度和参与度，满足市场需求，并提升了建筑工程的管理效率、质量控制和安全保障水平，符合行业监管的要求。透明建造在提供智能建造技术和数字化管理平台的基础上，通过劳务透明、质量透明、安全透明和环境透明等模块，实现了工程过程的可视化和实时监控。这使得中亿丰数字能够在市场竞争中脱颖而出，吸引更多的客户和合作伙伴。

创业理念和产品特点。中亿丰数字的创业理念是让数字科技赋能美好生活，让建造变得简单。而透明建造是基于数字孪生的工程管理，该创新型建筑项目管理方法能够将项目的具体建设过程完全公开，使客户能够在线了解项目的工程建设细节，无须进入工地。透明建造以代码透明、劳务透明、质量透明、安全透明、环境透明等模块为基础，利用智能建造技术实现建造真正的透明化。这种创新理念和产品特点使中亿丰数字在智能建造领域具备了差异化竞争优势。

市场竞争和客户诉求。在建筑行业中，劳动力管理、质量控制、安全保障和环境保护一直是重要的问题和挑战。透明建造通过引入数字化技术和创新管理方法，为业主和利益者提供了更高水平的透明度和参与度。客户诉求越来越强调工程的可视化和信息的透明化，客户希望了解施工过程、监督工程质量、提升工程安全，并实现绿色环保。透明建造满足了这些市场需求，并为客户提供了更高效、更可靠的建筑工程管理和监控方法。

行业监管要求。建筑行业在许多国家都面临严格的监管要求，主要涉及劳动力管理、质量控制、安全保障和环境保护等方面。透明建造通过实名制登记、BIM（Building Information Modeling，建筑信息模型）技术应用、安全教育系统、视频监控等手段，有效地满足了监管部门对建筑工地的要求。透明建造提供了实时的数据和可视化的监控，使监管部门能够更好地跟踪和管理工地的劳动力、质量、安全和环保情况，提高了整个行业的规范化水平。

7.2.3　怎样实施透明化

1. 代码透明

如图 7-1 所示，DTCloud 智能建造工业互联网中台是中亿丰数字自主研发的采用BIM/CIM+AIoT（CIM全称为City Information Model，城市信息模型；AIoT全称为Artificial Intelligence & Internet of Things，人工智能物联网）技术架构的快速应用开发平台，实现面向智能建造数字孪生建筑/园区应用的快速开发平台工程领域的数字孪生管理，支持与工程相关的项目、资产、设施、能源、应急、安全、质控、综合治理、人员等的数字化管理，助力智慧工地、智能建造、智慧建筑、智慧园区、智慧劳务等智慧工程的实施及相关应用的打造。它作为一个综合性和集成化的开发框架系统，为建筑行业相关单位（包括建设方、设计公司、施工企业、维护团队等）提供服务。

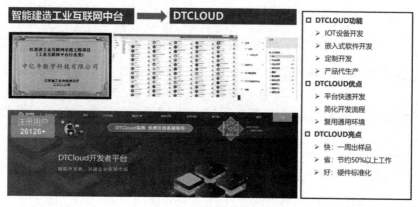

图7-1

公开研发目标和计划：中亿丰数字与团队成员和利益者共享智慧建筑解决方案的研发目标和计划。这可以通过内部会议、团队沟通和公开报告等方式实现。

技术文档和知识共享：中亿丰数字通过发布技术文档和知识共享，与学术界和相关行业分享其在BIM/CIM+AIoT应用技术方面的研究成果和经验。这有助于促进创新和推动行业发展。

合作研发：中亿丰数字积极与其他组织进行合作研发，建立开放的创新生态系统。这包括与大学、研究机构和行业伙伴合作，共同解决智慧建筑领域的技术挑战和推动解决方案的创新。

透明的研发过程：中亿丰数字致力于确保研发过程的透明性。这可以通过设立合适的内部审查机制、定期报告项目进展和研发成果演示等方式实现。这样一来，团队成员和利益相关者能够了解项目的进展、问题和成果。

技术评估和验证：中亿丰数字在研发过程中进行技术评估和验证，确保解决方案的可行性和效果。这包括在实际场景中进行项目试点和测试，公开结果和经验教训，以便其他利益相关者了解解决方案的真实性能和潜力。

2. 劳务透明

中亿丰数字致力于实现劳务透明，确保自己的业务运作公平、透明、高效。中亿丰数字搭建了智慧工地平台，通过劳务实名制管理功能模块，实现劳务透明。

劳务透明主要体现在劳务实名制。通过人脸识别技术可实现对建筑工人面部的精准识别，对未通过安全教育者、陌生人或企业黑名单人员不予放行；建立管理工地现场劳务的 IoT 系统，依托网络闸机，实现持卡 / 人脸识别进场、考勤。

实名制登记对进场务工的建筑工人进行经常性的登记，包括个人身份证信息、工号、参建单位、班组、工种、进场日期、进场体温、体检结果是否通过、是否参加培训、是否签订合同等，并确保人、证、册、合同、证书相符。劳务实名制可以加强对施工人员的管理，控制企业用工成本，提高劳动效率，规范作业与提升队伍素质和质量。

3. 质量透明

BIM 技术应用的建设工程质量政府监管系统为工程质量监管方式带来变革。一是通过 BIM、工程资料等信息整合，实现工程管理信息化，打通数据通道，提高监管效能；二是结合 IoT、大数据等技术，实现工程建设全生命周期质量管理，科学利用资源实施差异化监管；三是通过 BIM 与设计、施工过程信息关联，实现工程建设过程质量数字化记录；四是利用 BIM 技术的可视化和模拟性特点，实现数字化 3D 模拟和碰撞检查等功能，避免质量缺陷，有效提高监管水平。

在质量透明方面，中亿丰数字综合应用 BIM+AR+RFID（射频识别）技术，实现对施工模拟、竣工验收等施工环节的数字化模拟，如图 7-2 所示。

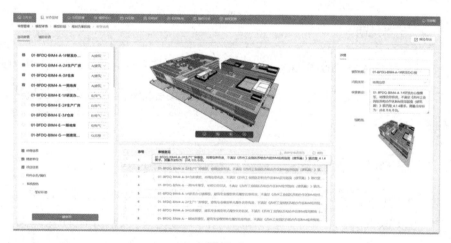

图 7-2

（1）BIM 数字一体化设计

打造设计—建造—交付—运维全过程数字化衔接集成体系，提高工程质量与沟通效率的一种新型的全生命周期 BIM 应用，基础应用点 22 项，中亿丰数字创优应用点 32 项，实现一模到底的应用。

（2）BIM+AR 质量检查

通过 BIM+AR 技术，利用初期 BIM，在本案地块做建成效果模拟；利用承台 BIM，复核桩基数量、数位，复核承台尺寸、形状、位置；利用场地预埋管线 BIM，复核场地预埋管线的走向、管径、排布、深度。

（3）BIM 协同管理

利用 BIM 数字一体化平台，将 BIM 构件需求数据传递给生产厂家，并与项目预制构件生产相关的各个环节进行联通。这包括构件订单、排产、生产、堆场、运输和现场安装等全流程的管控。通过数据共享和协同，实现各个环节之间的信息传递和实时监控。

（4）二维码追溯和管控

在生产过程中，为每个构件生成唯一的二维码标识。通过扫描二维码，可以获取该构件的相关信息，包括订单详情、生产进度、质量检验报告等。通过二维码追溯和管控系统，实现对构件从订单到安装的全过程进行可追溯的管理和监控。

4. 安全透明

目前，全国各地先后建立了工程质量监测、施工现场安全管理、施工图审查等与工程质量安全监管相关的业务系统，为行业监管、决策分析、政策制定提供了一定的支撑，也在一定程度上推动了工程质量安全监管的发展，但仍存在监管头绪多、数据共享程度低等问题。信息技术作为一个直观有效的载体，能够实现安全生产过程的动态管控，将安全管理状况以信息化的方式呈现出来。利用 BIM 技术、IoT、大数据，将现场信息采集和汇集处理以可视化的形式在共享平台上展现，提高监管部门、项目部等对安全质量、劳务、环境等关键信息的即时感知和决策能力，进而实现精益建造、绿色建造的透明建造理念。

（1）安全教育系统

利用前沿成熟的 VR（Virtual Reality，虚拟现实）技术，以纯 3D 动态的形式逼真模拟出工地施工的真实场景和险情，实现施工安全教育交底和培训演练的目的。劳务人员可通过 VR 体验馆"亲历"施工过程中可能发生的各种危险场景，并掌握相应的防范知识及应急措施。

（2）视频监控

通过摄像头远程对分散的建筑工地进行统一管理，减少工地人员管理成本，提高工作效率。通过视频监控随时掌握施工现场的施工安全，对施工现场生产质量进行远程视频监控，监管建筑工地现场的建筑材料和建筑设备的财产安全，避免物品的丢失或失窃给企业造成损失；降低了各类事故发生的频率，可杜绝各种违规操作和不文明施工情况的发生。

（3）危大工程监测

利用互联网技术、传感器技术、嵌入式技术、数据采集储存技术、数据库技术等高科技应用技术对工地的塔吊、深基坑、高支模、临边等重大危险源进行实时监测，实现施工阶段业务信息的整合和及时共享。

5．环境透明

目前，施工过程中的环境污染已经严重影响到了社会大众的日常生活，对施工过程本身也造成了严重影响。造成建筑工程施工环境污染的主要原因是在施工过程中对废料、废水、灰尘、运输等因素处理不当。这些因素如果不得到及时处理，不仅会占用施工单位很多的空间，缩小施工有用区域，还可能产生不良气味或者有害物质，对城市环境造成严重影响。

以绿色施工为出发点，中亿丰数字在智慧工地系统内，利用 AIoT 技术，获得环境监测、水电监测、能耗监测等数据，通过大屏可以获得最近 30 天的扬尘数据、噪声分析数据、实时环境监测数据、能耗数据等。系统通过配置环境检测仪、自动化降尘设施、能耗检测设备，与智能施工管理系统平台形成联动，由平台自动控制，通过计算机和不同的通信方式，实现施工环境中扬尘及各气象要素的远程实时在线数据采集与分析处理，为决策指挥者提供理论依据，为管理人员提供方便、快捷的日常操作与维护依据，达到维护和预防的目的。

7.2.4　透明化取得的成效

中亿丰数字以长三角国际研发社区启动区二期项目为应用场景，全面实践透明建造的理念和智能建造关键技术应用，如图 7-3 所示。

图 7-3

长三角国际研发社区启动区二期项目总建筑面积 212700m²，是集研发办公、休闲配套等多种功能为一体的科创社区。项目由中亿丰建设集团承建，是苏州市首批智能建造试点项目，致力于打造江苏省首批智能建造示范项目。

项目围绕智能建造"BIM 数字一体化设计、部品部件智能生产、智能施工管理、建筑机器人及智能装备、建筑产业互联网、数字交付和运维"六大应用场景，初步形成了一套智能建造体系，取得了不错的效果，具体有如下几个亮点。

BIM 一体化管理。基于 BIM 建筑信息模型，对项目 BIM 应用在设计、建造、交付、运维全过程的数字化衔接结果进行集成管理，提高工程质量与沟通效率，实现一模到底应用的过程审查和结果管理。

部品部件智能管理。通过传递 BIM 构件需求数据到工厂，联通项目预制构件等生产厂家；通过二维码实现构件订单、排产、生产、堆场、运输、现场安装全流程管控。

智能施工管理。通过对项目的招投标管理、合同管理、材料管理、分包管理、劳务管理、租赁管理、进度管理、质量管理、安全管理、资料管理等，实现管理的"高效协同、精细管理"，最大化地协调各方面资源、提高协同工作效率、提升管理水平。

机器人及智能装备管理。对项目上所使用的建筑机器人及智能装备实现机器人使用管理、相关建造项目管理、领航员培训管理、机器人订单管理、机器人报警管理及安全管理等。

数字交付管理。通过在工程建设设计、施工、竣工全过程的数据收集分析，在面对不同的用户时，提供针对性的数字资产交付物，满足工程后续智慧运维需求，为构建数字孪生城市奠定坚实的基础。

1. 经济效益

中亿丰数字在长三角国际研发社区启动区二期项目中，充分应用"1 平台 + 6 专项"智能建造模式并打造示范工地。对于项目而言，通过实施透明建造，该项目的建造成本下降了 10% ～ 15%，在节能环保上提升了 15% ～ 30%；同时通过综合应用信息化技术，提升了 15% ～ 20% 的管理效率。在 2023 年 6 月初，项目被选为首批苏州市智能建造试点项目。

2. 社会效益

在 2023 年 3 月 23 日，住房和城乡建设部建筑市场监管司司长曾宪新一行及 21 个省级住房和城乡建设主管部门、24 个智能建造试点城市的有关负责同志，莅临由中亿丰建设集团建设的长三角国际研发社区启动区二期项目观摩智能建造相关工作。在短短一个多月的时间里，项目接纳来观摩的领导和专家人数超过 7500 人，引领了智能建造技术的发展。

7.2.5　未来透明化设想

当今时代，新一轮数字技术蓬勃发展，数字化浪潮汹涌澎湃，传统产业的生存环境也已经发生了深刻变化，越来越多的传统企业认识到：紧跟数字经济的发展脉络，实现数字化、智能化转型升级已成为谋求发展的必由之路。面对日新月异的发展环境，中亿丰建设集团同样也在思索未来的发展方向。凭借着多年来深耕建筑行业的经验，中亿丰建设集团敏锐地洞见了行业未来竞争的分水岭。在中亿丰建设集团"十四五"战略规划中，集团将构建以"建造、制造、智造、服务、金融"五大事业为主导，以"建造－制造－智造"三造合一为重点，以"数字、新能源、文旅"三大赛道为拓展的多元化产业生态。最终，中亿丰建设集团通过建造形成压舱石，以制造作为助推器，在智能建造动力源的加持下，推动三造融合，实现中亿丰建设集团智能建造的发展。

中亿丰数字以 BIM/CIM+AIoT，打造出了国内领先的 DTCloud 智能建造中台，并且拥有了在 BIM-CIM 等智慧建筑领域的整体解决方案，为政府、企业、园区提供能源管理、公共安全、设施运维、综合治理等多场景一站式解决方案。

作为一家始终与城市发展同频共振的老牌数字化企业，中亿丰数字有着更宏大的愿景：推动行业数字化转型，让建造更简单！未来，中亿丰数字将在助力行业数字化转型的路上持续发力，推动数字化应用向业内更多企业、更多场景延伸，为建筑行业工业互联网的发展添砖加瓦。

7.3　吉利汽车透明工厂创新实践

7.3.1　企业简介

吉利汽车集团有限公司（以下简称吉利汽车）是国内发展迅速的自主品牌和全球创新型科技企业，国内自主品牌汽车产业的龙头企业，其智能制造水平处于全国前列，在 IoT 平台构建、开发、OTD（Order To Delivery，订单交付）虚拟验证方面技术领先。公司的研发、设计、制造人员超过 8000 人，拥有大量发明与创新专利；在全国范围内布局了 14 个整车制造基地、7 个动力制造基地，承担了多个国家级科技攻关项目，实施的项目成果曾多次获得国家、省（市）级与行业协会的荣誉和成果奖项。如吉利银河序列的智能电动原型车——"银河之光"获得意大利 A′ 设计大奖赛"车辆、交通和运输设计"类别的铂金奖；浙江吉利控股集团有限公司参选的项目"基于以用户体验为中心的 GCPA 质量管理经验"获中国质量协会"2022 年全国质量标杆"；吉利汽车连续 3 年获得中国机械行业企业管理现代化创新成果一或二等奖；极氪智慧 5G 工厂荣获中国设备管理协会颁发的"第三届全国汽车行业智能制造创新成果一等奖"；吉利汽车所承建的制造基地成功入选"2021 年中国汽车行业标杆智能工厂"。

7.3.2　为什么选择透明化

目前汽车行业面临产业链中的供应链不稳定、市场需求与传统供给方式不匹配等挑战，其本质是效率、质量、成本的挑战。要实现汽车制造过程的透明化，核心是打通全价值链的数据链，实现数据共享和多数据结构联动，建立计划、生管、调度、物料的"一个流"协同管理模式，推动汽车制造行业向高效灵活的数据驱动型生产模式发展。当前，由于缺乏透明化的关键技术，如虚拟制造技术，汽车制造过程中的业务痛点主要包括以下几点。

生产规划、验证困难：库存积压 2 ~ 3 月，库存资金占用超 50%；生产节拍算不准，同一产线不同设备之间差异大；生产规划与计划准确性差，意外频发；生产过程中二次排产与初次排产结果不一致；生产规划方案无法验证。

实时优化决策难：产能利用率低于设计目标 80% ~ 90%；设备物流调度人员依赖性高，决策方法不够科学；决策效果无反馈，无法使下一次的决策更优。

　　实时总控调度难：没有统一的调度中心，调度混乱，调度配合性差；实时调度时效要求高；设备繁多通信难，异步控制调度不便。

　　生产状态评估难：设备繁多，且接口不同，造成数据采集难；多源异构数据治理和分析难；依据工厂生产实际情况构建指标体系难；生产和管理无指标，无法评估状态。

　　因此，吉利汽车集成了虚拟制造技术的透明工厂，通过构建工厂／车间／产线／制造单元的实时数据接入、仿真、分析与优化的新一代虚拟制造平台，将生产过程中的物理实体转变为数字模型，根据历史数据（包括生产数据和设备数据等）和随客户需求而改变的参数，对生产过程进行全流程模拟、控制、验证和预测，如图 7-4 所示。工程师可高效便捷地对系统进行分析与验证，发现瓶颈和风险并及时调整优化，从而为工厂降低成本、缩短工期；业务人员和管理层可基于模拟生产参数优化产品数字化研发和工艺流程规划，调整排产排期，进而做出合理的战略决策。

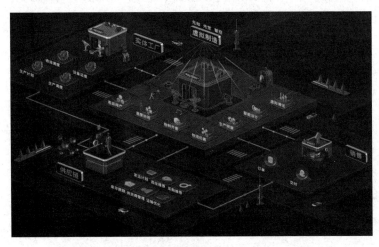

图 7-4

7.3.3　怎样实施透明化

吉利汽车以雪浪云智能制造数字底座系统雪浪 OS（Operation System，操作系统），结合吉利汽车实际业务理论和生产制造场景，构建新一代透明工厂虚拟制造平台及实时优化调度算法框架。

1. 透明工厂虚拟制造平台

吉利汽车基于 DES（Discrete Event Simulation，离散事件仿真）框架，为用户提供了通用的产线模型，如工位、传送带、流程控制、组装、拆装、队列等，以及生产日历、生产变量表、待制和在制产线信息表单接入等配套组件，支持用户快速搭建工业流程，并进行仿真模拟、控制、分析和验证。此外，基于雪浪 OS 数字底座优秀的灵活性和扩展能力，虚拟制造平台支持用户通过自定义代码实现快速二次开发，满足定制化业务需求，从而适用于不同行业的不同应用场景。

如图 7-5 所示，吉利汽车透明工厂虚拟制造平台的核心环节包括关联实时数据、驱动仿真模型、动态预测生产、预判指导调度、优化运营效率等，完成了对设备数采工厂模型、运营、产线、排产调度模型、算法模型等数据的虚拟验证及智能调度。通过其内置模型库构建虚拟工厂，同时接入 / 处理多源异构数据和工艺规则配置，进行实时数据交互与算法集成；基于系统强大的仿真引擎，输入每日生产计划，在虚拟透明工厂"预演"的基础上，进行分析、优化、评估，及时发现生产运行中存在的问题和风险，将仿真结果反馈至优化引擎，寻找最优生产序列并智能调度现场设备。该平台可帮助工厂预演生产计划、优化产线布局、管控物流调度等，支持从研发到管理、从车间到工厂、从物流到产线的全生命周期优化，为工厂提供全方位的产线数字孪生解决方案。

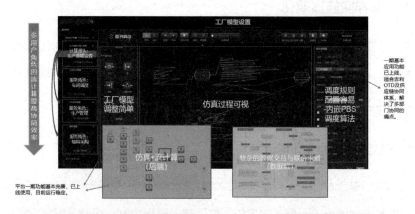

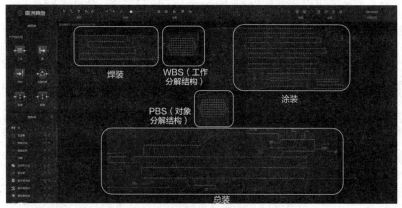

图 7-5

吉利汽车透明工厂虚拟制造平台在吉利汽车场景的实施方案如图 7-6 所示。

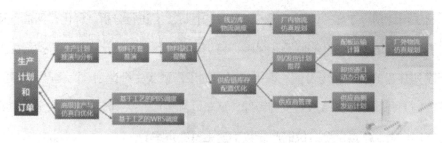

图 7-6

该平台的创新点主要体现在以下部分。

基于知识和数据驱动的产线仿真引擎：针对不同生产计划无法快速验证及验证成本过高的情况，平台基于业务机理和数据驱动的产线模型生成框架，能够对不同生产计划进行快速虚拟验证，节省验证成本。

基于产线仿真的工厂规划和计划排产：以往的排产计划不会依据车间实时生产情况来每日更新排产，因此供应链强依赖于原计划；基于产线虚拟验证的计划排产工具，可动态结合运营目标和生产限制，自动生成短中期生产计划。

基于产线孪生的实时调度方法：针对以往产线无法快速适配宕机、重要订单插单等非预期情况带来的生产计划调整，基于产线虚拟验证，研究实时调度机制与方法，在保证对原生产计划的调整幅度尽量小的前提下，保证生产计划高效执行。

2. 实时优化调度算法框架

针对汽车制造流程中的生产规划验证难、实时优化决策难、实施总控调度难、生产状态评估难等痛点问题，吉利汽车专门为虚拟制造平台构建了一个实时优化调度算法框架。该框架通过内置模型快速构建余姚工厂生产线布局、设备配置、工艺路径模型，并接入与处理 MES、ERP、WMS 等多种数据源和工艺规则配置，进行实时数据交互。

实时优化调度算法框架的技术优势如下。

简化建模流程：通过数字孪生技术完成产线模拟，可以使算法研究者专注于优化目标，而不必关注实际产线工作流程，将产线视作黑箱问题，从而省去了复杂的建模流程。

具有可解释性：由于仿真过程可以仿真整个生产流程，因此整个流程具有较强的可解释性。

解算速度快：由于生产流程复杂，一次仿真时间成本高，本方案的算法可以在较少迭代次数内或者较短时间内得到一个较优解。

泛化性能高：设计了多样的算法参数，面对不同问题，以及基于效率和效果的考虑，可以通过快速调整参数来得到最优的算法参数组合。

7.3.4　透明化取得的成效

1. 该平台为企业节约如下成本（经济效益）

生产组织安排全局最优，以综合效益最优方式组织生产，实现资源配置效率提高 12%；

管理成本降低，其中零部件库存降低 15%；

减少异常停线，显著提升生产效率，预计年停线时间减少 15%。

2. 该平台所带来的社会影响（社会效益）

工业软件国产化：打造全流程智能优化系统，稳步实现工业软件国产化替代。

解决制造业发展瓶颈的难题：大力发展数字孪生关键技术，突破中国制造业发展瓶颈，提供完整的解决方案和应用案例，在离散制造行业有较大的推广意义。

人才培养：以技术和平台为纽带，为企业培养实用型技术创新人才，为我国网络协同制造和柔性制造领域的产业发展与转型升级提供优秀专业人才。

推动工业软件行业发展：智能制造作为第四次工业革命的核心技术，是我国制造业高端转型的钥匙，而软件是智能的载体，工业软件是智能制造的核心，国内智能制造和工业互联网的推进将显著提升工业软件行业景气度。

3．实时优化调度算法框架给企业带来的效益（经济／管理效益）

基于每日排产计划与产线在制订单，对每日生产计划分析、评估及验证，可提前一天预警生产运行中存在的问题和风险，并及时进行调整与优化，同时通过仿真推演与优化算法的结合，选取业务目标下最优的调序方案，智能调度平面库的进出车序列；

余姚工厂降库存提效率累计节省 600 余万元／年，且已复制到其他工厂基地；

实现生产管理透明化，生产状态可视化，生产风险提前预警，动态的调度管理，多部门"一个流"协同。

7.3.5　未来透明化设想

吉利汽车计划以极氪工厂为第一试点应用单位，在完成透明工厂虚拟制造应用场景技术攻关后，下一步将在集团各基地进行推广实施，按照宁波片区的制造基地、浙江片区制造基地、吉利汽车在建的所有基地有序推进。深度层面，持续将虚拟制造从先知、先觉逐步扩展到智控与全局智能调度；广度层面，将虚拟制造逐步覆盖 OTD 全价值链的闭环联动；技术层面，围绕工艺质量分析、工艺参数管控、能耗优化、耗材优化、设备预测性维护、设备效率优化，依托 IoT 大数据采集、AI 算法及打造更多细分场景的工业 App，持续降本增效；全生命周期工厂数字孪生层面，依托工艺设计中的仿真数模构建、异构数模转换中的轻量级集成，以及设备运营中的数据接入，构建基于实时数据的虚实同步的全生命周期工厂数字孪生；工业软件国产化方面，大力发展数字孪生关键技术，突破中国制造业的瓶颈，提升离散制造行业竞争力；建立基于知识和数据驱动的仿真引擎及对应的设计方法，完善企业数字化、智能化研发设计环境，通过产线孪生平台，促进离散制造企业的规划质量改善，降低研发、制造、运维成本，提升协同设计和创新效率，同时可带动离散制造企业的产业链上下游部件供应商进行库存物流规划以降低成本。

另外，为贯彻工业和信息化部等 15 个部门《关于进一步促进服务型制造发展的指导意见》文件精神，吉利汽车未来将向有需求的其他汽车制造企业提供虚拟制造平台服务，共同推进汽车产业发展。

吉利汽车将持续借助雪浪云智能制造数字底座系统的优势，用其工业知识、数据和算力重构工业体系，广泛实践透明工厂的创新建设，从自身出发推动制造业在数字空间的变革与升级。

7.4 浙江青莲食品透明工厂创新实践

7.4.1 企业简介

浙江青莲食品股份有限公司（以下简称青莲食品）创立于 2001 年，以"味美食物，让生活更美好"为使命，定位高品质猪肉供应商和服务商。20 余年来，青莲食品以消费者需求为核心出发点，形成涵盖良种繁育—智慧养殖—透明工厂—肉品加工—冷链物流—品牌门店—文化旅游等生猪全产业链环节的布局，先后获得农业产业化国家重点龙头企业、农村产业融合典型龙头企业、全国模范院士专家工作站、全国首批生猪屠宰标准化示范厂、全国首批非洲猪瘟无疫小区等"国字号"荣誉。

青莲食品在源头上拥有国家级嘉兴黑猪保种场和两头乌纯种猪场，建立了由院士加盟的全国模范院士专家工作站，与浙江大学联合成立青莲·中国黑猪产业研究院，通过"未来农场"联动全国 18 个智慧牧场升级数智全产业链。生产上，青莲食品的 13 个生鲜工厂遵循可视化的透明生产理念，从生猪进场、屠宰、检测、加工到冷链物流出厂，全程随时接受消费者的监督。终端上，青莲食品的黑猪专家"膳博士"、无抗黑猪"太湖黑"、公益品牌"原始公社"等黑猪品牌立足江浙沪，形成线上＋线下全方位、全渠道的销售网络，布局千余家门店，成为世界博览会、世界乒乓球锦标赛、世界互联网大会、国际马拉松等世界级盛会供应商，是杭州第 19 届亚运会官方指定生鲜肉类产品供应商。

7.4.2　为什么选择透明化

一是出于全面提升一二三产融合全产业链把控的需要。对于食品企业来说，必须保证食品的安全性，食品供应链各个环节环环相扣，缺一不可。对青莲食品来说，猪肉从源头到餐桌，要经历众多环节，无论从哪个单一环节入手，都无法从根本上解决食品安全问题，所以要用全链式透明管控，才能筑起全程高安全标准。青莲食品的业务布局涵盖育种、养殖、屠宰、深加工、物流、门店、文化旅游等环节，各个环节之间如何协同作业，是必须要面对的问题。因此为了走好一二三产融合发展之路，串联起全产业链链条，提升生产效率和品质稳定性，青莲食品需要每一个环节的透明大数据来优化供应链管理。

二是出于提升产品品质的需要。青莲食品从创立初期就定位高品质猪肉供应商和服务商，高质量产品是树立优质企业形象的核心要义。为从源头保障高品质、安全美味猪肉的供应，自 2011 年 11 月起，青莲食品就受嘉兴市政府委托，承担了嘉兴黑猪保种工作，组建技术团队投入资金进行软硬件的改造提升，以数字化手段育种繁育优质地方猪种。通过透明大数据分析，青莲食品可以更好地掌握原材料的来源、供应商的信誉度、生产加工过程的规范性和产品的流向等信息，从而更好地保证产品的质量和安全。

三是出于进一步满足消费升级需求的需要。食品企业应更高效地组织生产供应活动，推出符合消费者需求的新产品，而消费者也希望看到企业安全生产、透明生产，企业和消费者之间必须要有沟通和获取信任的桥梁，而企业也必须要对消费者群体画像、现有偏好、偏好的可能变化趋势、用户反馈信息有充分的把握。所以青莲食品早在 2008 年起就启动消费者透明工业游活动，组织消费者免费来工厂参观透明屠宰、体验美味猪肉背后的产业链环节。随着青莲食品战略思

维的转变，"产品思维"向"用户思维"的跨越激励着青莲食品牢牢把握透明工
厂发展机遇，从而更好地了解客户/消费者的需求和反馈，调整生产和销售策略。

四是出于顺应数字浙江战略的需要。在新一代数字科技的支撑和引领下，以
数据为关键要素，以价值释放为核心，以数据赋能为主线，以数字化实现农产品
供应链上下游的转型升级是不可逆转的趋势。为了抢抓数字经济发展先机，青莲
食品积极主动把握数字经济发展机会，从 2015 年开始投入全产业链数字化转型
的工作。青莲食品的数字化改造最初是为了实现生产过程中的统计功能，随后运
用数字化改造传统农业运作模式。青莲食品在总部建立了全流程"数智驾驶舱"，
实现全产业链每一个环节的数据透明，为企业经营者提供决策帮助。

7.4.3　怎样实施透明化

青莲食品为实施全流程透明化，通过建立"1+4+N"模式来管理，即 1 个
战略指挥中心，4 个应用场景（云上牧场、数字工厂、流通体系、用户体系），
贯通浙食链、浙冷链、浙江畜牧产业大脑等 App，通过构建物联网化、系统化、
智能化的综合平台，将数据采集终端和自动化运行终端与移动数字技术相结合，
真正做到从种源到牧场再到消费者的无缝衔接，让产品更安全，用户更放心。

在"数智驾驶舱"（见图 7-7），一个智慧大屏囊括了养殖、屠宰、加工、物流、
门店等全产业链数字体验；在青莲食品运营中心团队的操作下，相关数据随时可
调取，全产业链数字动态信息一览无余，从而实现智能养殖"一舱"管控，架起
屠宰端、深加工端、智慧物流端、消费终端"一舱"连接，打通供应链上的各座
数据孤岛。通过统筹销量预测、营销模型、关联挖掘、智能选品、综合毛利率等
分析，可以进一步形成"以用户为中心，反向重构产业链"的青莲食品用户体系。

图 7-7

　　源头上，为了确保高品质美味猪肉的供应，自 2011 年起，青莲食品就承担起地方猪的保种繁育工作，建设国家级嘉兴黑猪保种场，以嘉兴黑猪为母本，建立和完善"AI"（人工智能）+"IoT"（物联网）+"SaaS"（软件即服务）育种生产管理系统，并以数字化手段结合分子育种技术，对一些重要经济性状的功能基因和标记基因进行研究。

　　生产上，作为浙江省首批"未来牧场"之一，青莲食品的未来牧场通过生态监测、物联感应实现对全国 18 个牧场的智能养殖；通过传感器实时监测温度、湿度、粉尘、氨气量、氮气量等，养殖场还会监控进出车辆洗消、设施运行等。对于相关数据，工作人员都可以通过手机上的信息终端"口袋牧场 App"来实时查看。这款 App 联通青莲食品未来牧场环境网络化监测系统，数据一旦出现异常，系统将自动报警，为工作人员精准控制牧场内的环境提供参考。

　　屠宰加工上，青莲食品建立起以嘉兴海盐生产基地为中心，辐射上海、嘉

兴、杭州、宁波的浙东区域布局；以诚远生产基地为中心，辐射台州、温州为主
的浙南地区和部分闽北区域布局；以昆山生产基地为中心，辐射苏州、无锡、常
州为主体的苏南区域布局；布局湖北、湖南、安徽、福建、广西、广东、贵州、
云南等，形成以点带面的 13 个生鲜工厂。在生鲜工厂，布局全透明观光通道，
消费者可以在工厂监督生产。

流通上，青莲食品完整采集猪肉生产加工、库存管理、运输去向等数据信
息；积极构建冷链化运输体系，同时建成标准化产品预冷间，配备冷链温度跟踪
系统；推动建设智能仓储管理系统，通过先进的控制、总线、通信、RFID 技术
等，协调各类设备自动化出入库作业，全过程录入和监管相关单据的生成、执
行。在运输管理上，公司通过 GPS 实时采集车辆驾驶数据，判断卡车的驾驶时
间、驾驶道路和驾驶状态等信息，智能监控卡车的驾驶行为，防止司机疲劳驾
驶，并设计科学而饱和的物流线路，实现精细化配送。

终端上，青莲食品最初利用互联网技术爬取公开数据平台上的价格、销售
量等数据，近年来逐步建立起自己的线上终端渠道；利用新媒体销售平台，陆续
上线全国品牌门店智慧系统、零售用户系统，目前已在实现企业、产品、服务与
消费者零距离接触的同时，逐步形成自己的数字化用户，从而更有效地捕捉用户
信息。

文化旅游上，青莲食品于 2013 年投建猪猪星球，并将此作为公司产业延伸
和转型的重要举措。作为全国首个以猪为主题的一站式体验地，猪猪星球集合了
萌猪表演、儿童游乐、科普教育、餐饮购物等业态，搭建起消费者与生产者、市
场与企业的沟通和信任平台。同时猪猪星球还将成为一个全新的商业平台，通过
模式创新、创意征集、项目引进等方式，集合全球资源，实现产业价值链的重塑。

7.4.4　透明化取得的成效

首先，实施透明化有效减弱了企业生产经营活动可能面临的风险冲击，提升了企业的风险预测和管理能力，有利于构建产业链韧性。透明大数据技术的应用帮助青莲食品提升了生产效率，减轻了生产风险。从猪的育种到养殖，实施透明化，可以使青莲食品更好地了解市场变化趋势和竞争对手的动态，快速响应系统内外环境的变化，从而更好地制订品牌策略和生产计划，提升生产体系的灵活性和应变能力。

基于猪数字化育种技术平台，青莲食品利用大数据技术对地方猪的育种、繁育进行数字化管理，实现数据共享和流通，进而提高猪种质量，并将优质种质资源的技术开发与商业化推广有效结合，形成完整的黑猪商品体系。目前青莲食品已领衔起草并发布《中国黑猪肉》等标准，嘉兴黑猪保种场也升级为"国家级嘉兴黑猪保种场"，成功让曾经濒临灭绝的中国地方猪"嘉兴黑猪"得以保种繁育，提纯复壮，以优质产品的形象回归市场。

透明化让青莲食品的数字农场实现了品质提升，承担省"十二五"、省"十三五"、国家和省"十四五"育种计划，其中香雪白猪获 2022 年国家新品种认定，猪肉优质率从 65% 提升到 79%；同时青莲食品的云上牧场每 10 万头猪的养殖用工数从 250 人降至 35 人，通过数字产业链，实现了单厂养殖量超过100000 头，整体养殖量超过 1000000 头，突破百万养殖规模瓶颈。青莲食品秉持透明高效、安全洁净、绿色循环，实现了人、自然与动物三者的和谐平衡。

其次，透明工厂有效降低了青莲食品的生产管理和流通管理的成本。青莲食品所建立的战略指挥中心及大数据分析中心可统一管理在全国的 18 个智慧牧场和 13 个生鲜工厂，实现猪场智能养殖的"一舱"管控，有效降低人力成本。目前青莲食品旗下年产 30 万吨的智能化动物营养工厂仅需要 3 名员工。

青莲食品通过建立猪在各种阶段不同的采食量模型，根据基于近红外技术的猪饲料原料营养品质快速检测体系，分析形成生猪养殖动态营养需要量配方，推出最佳供应饲料量；遵循绿色环保理念，通过智能温控、智能负压换气等功能使农场环境稳定，并从源头、过程、末端全程管控臭气、废气、粪污的产生与排放，建设环境友好型生态牧场，最终青莲食品的猪肉优质率也达到了 95%；同时，基于大数据的智慧物流体系使得青莲食品的流通环境变得更加合理高效，有效提升了流通效率，降低了物流成本。

在青莲食品的 13 个透明工厂中，鲜销率从原来 60% 提升到 90%，利润率从 1% 提高到 6%，2023 年单厂销售额突破 30 亿元，对比行业标杆领先企业的 10 亿元，至少超过两倍。2022 年得益于透明数字化，青莲食品实现销售综合增长 23%，企业荣获浙江省改革突破奖铜奖、浙江省首批"未来农场"、"直通乌镇"全球互联网大赛一等奖；获得浙江省 2022 年数字化改革"最佳应用"，也是全省入选者中唯一的未来工厂。

最后，透明化的实施加深了青莲食品与消费者的联系，加强了需求端的稳定性，满足了消费者对健康、安全、高质量食品的需求，有助于提升消费者对品牌的信任度，增强消费者黏性，从而降低企业可能面临的需求风险。青莲食品为每份农产品都配备了二维码，消费者可扫码进入浙食链、浙冷链、浙江畜牧产业大脑等 App，看到贯通了生产、流通等环节的全生命周期。同时，消费者还可通过数字门店观看全透明生产线，通过可视化制品追溯实现"放心消费"。可追溯系统也助力青莲食品旗下的"膳博士""太湖黑"成为杭州第 19 届亚运会官方指定生鲜肉类产品。2022 年上海疫情期间，青莲食品通过大数据分析向上海保供 850 万份生鲜猪肉，得到了上海和浙江政府的双认可。

7.4.5 未来透明化设想

首先，青莲食品采取的是直营模式、透明化、数字化运营管理，借助大数据实行 M2C（Manufacturers to Consumer，生产厂家直连消费者），去中心化，让利消费者，具体而言即去掉批发商和零售商，生产厂家直接对接消费者，从青莲食品到消费者，只有前置仓和客服两个环节，改变了渠道分散化、用户碎片化、供应链成本高的传统商业模式。未来的这种商业模式可被复制到不同区域的透明工厂。

其次，未来的市场一定可以为消费者提供更多元化的高品质肉食选择，所以通过透明化运作，青莲食品要持续向精深加工品类拓展，形成从生鲜猪肉到肉制食品的产业延伸；创立生鲜 + 制品综合肉类工厂，实现从原来传统屠宰行业到精细分割再到鲜食工厂的三级跨越；此外，青莲食品产品的鲜销率和平均利润率还有提升的空间。

再次，从流通体系来看，透明化的数据应用显著优化了冷链物流；青莲食品旗下有一站式生鲜配送公司——浙江膳管家农产品配送股份有限公司，可基于用户快速获得新鲜食品的需求，确保全程冷链物流配送，并运用大数据分析手段综合了来自加工厂、消费者、物流车辆等的信息，设计科学而饱和的物流线路，实现精细化配送。未来，青莲食品数字流通体系可以让流通周转率从 15 天缩短到 7 天甚至更短，行情动态预判提前 6 个月。

最后，以用户为中心，青莲食品通过打造猪猪星球乐园，能够让消费者在体验和感受的同时，真正了解产业背后的故事、文化、历史。未来，这种透明化、开放性的文化旅游是"农业＋文化旅游＋新零售"全面融合的新业态，通过搭建起消费者与产业的沟通平台、产业资源整合平台，实现产业价值链的重塑。

7.5 洋河股份透明工厂创新实践

7.5.1 企业简介

江苏洋河酒厂股份有限公司（以下简称洋河股份）位于中国白酒之都宿迁，是行业内唯一拥有两大"中国名酒"、两个"中华老字号"、六枚中国驰名商标、两个国家 4A 级景区、两处国家工业遗产、一个全国重点文物保护单位和十大技术研发平台的企业；也是中国白酒行业中技术实力强、生产规模大、现代化程度高的企业；更是总占地面积 10km²、员工 3 万人、年产原酒 16 万吨、原酒储存超 70 万吨、储酒能力 100 万吨、年销售超 300 亿元、年产值超 400 亿元、入库税收破百亿元的世界最大的固态发酵白酒酿造企业。

洋河股份成功建立了白酒行业第一个数字化工厂，对白酒行业智能化工厂建设起到重要示范作用；首批入选"互联网与工业融合创新试点项目"名单，成为白酒行业唯一入选企业，2019 年首批获江苏省工业互联网示范工程（标杆工厂类）、江苏省工业互联网发展示范企业（工业互联网平台类），2021 年获得江苏省工业互联网发展示范企业（工业互联网平台类）。公司提出"智能工厂 5211

工程"（即聚焦计划、生产、质量、设备、成本核算的 5 位一体化生产过程管理，2 个主线高度融合，1 个生产运营标准，1 个运营与指挥平台），实现管理创新、技术创新、商业模式创新，实现经济与虚拟经济、先进制造业与互联网业、信息化与工业化的深度融合。

7.5.2　为什么选择透明化

白酒行业作为一个古老而传统的行业，数字化、智能化的进程与其他行业相比是相对滞后的，但是近年来，随着环境的不断变化，行业对数字化的认知越来越清晰，对数字化的投入也越来越重视。洋河股份选择建设透明工厂的原因如下。

一是随着经济发展的不断加速，人们的生活水平越来越高，可选择的产品越来越多，对健康和品牌的认知力越来越强，购物的方式越来越丰富，消费者的接触点越来越零散，这就要求企业必须对原来的渠道模式进行改变，用数字化的方式更多地触达消费者。

二是科技不断发展，特别是近年来 5G、AR/AI、大数据等技术层出不穷，新技术改变了人们的生活，使白酒企业能够拥有更多的手段触达消费者。

三是随着市场环境的不断变化，行业竞争在加剧，特别是渠道竞争越来越激烈，人们的生活环境也在发生变化，线上化、社区化等变化越来越明显，这迫使白酒企业必须通过塑造全新的方式来改变行业原有的一些运作方法。所以近年来，行业数字化的发展趋势变得越来越猛烈，越来越多的白酒企业在大力推动营销数字化、生产智能化等一系列的举措。

洋河股份当前的核心业务是白酒的生产和销售，这一业务为公司带来大部分的营业收入、利润和现金流，是企业的中心任务和最主要的利润来源，是承担企业增长目标的重要部分，这是洋河股份坚持做透明工厂创新的最关键因素之一。洋河股份的透明工厂建设，对企业业务流程进行了全面分析和优化，融入了企业独特的管理制度、组织结构及业务流程，整合各方资源，进行了信息资源的统一规划，建立了能够覆盖现有业务的统一数据模型，使集团内部各个职能部门之间的信息共享，实现了自动控制系统、经营管理系统、电子商务系统的有机统一，达到了管、控、营一体化的目标，使整个企业的信息传递流畅、及时，达到了"系统运行集成化、业务流程合理化、绩效控制动态化、管理改善持续化"的目标，从而满足了企业持续发展和保持持续竞争力的需求，为白酒这一传统行业的改造提供了有力的科技支撑。

7.5.3　怎样实施透明化

为促进传统工厂向数字化、网络化、智能化工厂转型，洋河股份持续投入搭建企业自有工业互联网平台，陆续开发实施多套系统，力争打造行业领先的数字化、透明化工厂。洋河股份先后在以下几个方面进行了部署。

1. MES 一期

智能生产智造 PLM+MOM+TIA（产品生命周期管理 + 制造运营管理 + 全集成自动化设备），APS（Advanced Planning and Scheduling，高级计划与排程）多场景算法支持，MES ISA-95（MES 全称 Manufacturing Execution System，制造执行系统）标准业务模型和 LIMS（Laboratory Information

Management System，实验室信息管理系统）ISO/IEC 17025：2005 要求，使企业可以做到内部生产运营数字化，实现生产过程数据自动采集，实现内部工厂运营可视；建立基地、车间排产系统，实现工厂多产线智能排产；覆盖全生产流程的质量管理系统，实现了全面质量管理。

2. 智慧供应链协同平台

通过工业互联网平台，将供应商协同平台与 SAP ERP（SAP 指思爱普软件提供商）和 MES 等系统高度集成，实现对供应商关键原材料、半成品、产成品从库存到生产再到结算全过程的管理，打通端到端采购业务链，提高供应商业务协同效率；通过智慧供应链协同平台，建立供应商回货计划，从原来的被动接收转向主动管控，大幅提升供应评估能力；将业务管控延伸至供应商生产环节，从原来的事后获取提升为事中监控，有效保障供应能力，打通供应商库存数据链条，全面掌握供应商库存情况，大幅提升供应链预警及分析能力，为供应商提供订单确认、开票通知、往来对账、质量查询、通知公告、送货申请、扣款通知等功能。

3. 全营销应用平台

基于苏酒和宅优购（指江苏宅优购电子商务有限公司）的共性需求，洋河股份统一入口，建立面向终端的订单平台和访销业务平台，建立包括渠道拜访、订单处理、经销商进销存管理、秩序督导管理、市场活动费用管理等的全面营销管理平台，平台涉及上万家供应商、经销商，上百万个终端网点，为经销商和终端提供在线下单、往来对账、进销存管理、商品商城、通知公司、活动登记等功能。洋河股份通过预算、审批、督查、广告、稽核、订单、扫码、发货、拜访、动销等诸多业务节点形成了一个闭环，和其他平台对接可实现供应链上下游可视化，实现供应链上下游数据集成深化数据应用，实现对采集数据的分析，为各部门进行生产运营管理提供分析数据。

4. 智能物流管控平台

洋河股份基于工业互联网平台构建面向客户的企业物流门户和扫码系统，实现多级库存查询、实时运输订单动态跟踪。全程闭环管理包括物流下单—订单建立—配载计划—提货装车—在途跟踪—到货签收—回单确认—费用结算整个综合运输闭环管理流程；采用二维码、RFID、GPS 等先进的物联网技术，通过信息处理和网络通信技术平台，实现货物运输过程的自动化运作和高效率优化管理，提高物流效率，降低物流成本。

5. 大数据应用分析平台

洋河股份打通内部、外部用户数据，建立了用户统一标签画像，从而实现精准营销，帮助产品和服务快速地找到对应用户，提高生产率，实现数据金矿的变现。洋河股份利用 AI 技术，结合实际的业务场景，以轻量化、可持续的方式收集到大量线下的渠道陈列、渠道宣传、市场表现等优质数据；将原来通过线下方式获取的陈列数据 10% 的覆盖率提升至 100% 的全覆盖率，且管控上百万个终端网点；建立竞品分析体系，精确掌握竞品的陈列占有率，结合大数据分析，精确计算投入市场的活动费用，推动市场销售；以新技术的场景化应用为支点，推动业务效率提升，同时结合企业内部营销、生产数据的分析和应用，提升渠道洞察力，为营销模式创新创造条件。

未来，对于工业互联网平台及现有各 App 平台，洋河股份将继续深化其应用，打通库存管理、财务结算、物流仓储、市场营销、数据分析等环节，推动企业向数字化、网络化、智能化工厂转型的同时，带动上下游合作伙伴一起转型，让合作伙伴共享工业互联网带来的好处。

7.5.4　透明化取得的成效

在目前数字化转型、新一轮工业革命背景下，透明工厂的实施可以有效促进洋河股份内外部生产资源、销售资源的优势互补和集成共享，发挥企业潜能，促进广大中小供应商和经销商的转型升级，提高产业链的整体竞争力，促进产业自主创新和产业链协调发展，并加速推进企业从传统制造型向工业互联网型的转型升级，助力制造业产业链的群体性协作和区域企业的集群式发展。

透明工厂在洋河股份的实施应用，将使得企业具备更好、更新、更强的创新手段，增强企业的市场适应能力及市场竞争能力。同时大数据应用、商业模式创新、云资源的应用，使得洋河股份走在了移动互联、云计算时代的最前端，促使企业对生产、销售和未来的工业化格局的观念发生根本性的转变，推动企业更好地适应未来智能化工业的发展趋势，促进企业转型升级、产业链协同和环境友好型工业的发展，真正促进洋河股份整个企业的提质增效，从而带动我国整个白酒行业的转型升级，社会效益和发展意义巨大。

洋河股份透明工厂项目是基于公司渠道管理需求和智能生产、营销深化的业务目标，结合互联网云计算技术打造的智能工厂管理平台，对于传统制造业及快消行业均具有良好的示范作用。透明工厂项目实施完成后，将从以下方面改善洋河股份的商业模式和运营模式。

- 将为集团与上下游之间提供一个高效交互、统一的信息沟通平台和多种信息沟通方式，实现跨部门、跨企业即时顺畅地沟通，提高工作效率，降低沟通成本。

- 从产品经营的模式向消费者驱动的模式转变，通过终端信息采集、消费者扫码等互动，进行市场行为分析，市场响应能力将显著提升。

- 产品交货期将明显缩短；生产模式满足规模生产的同时，支持多品种、小批量、定制化等多种模式。

透明工厂的实施衍生了智能工厂管理平台的建设，管理平台服务对象包括上下游合作伙伴及企业内部的生产、管理及营销人员。洋河股份透明工厂目前已为上万家合作伙伴提供服务支撑，涉及的人员包括供应商业务人员数千名，企业内部生产、管理和营销人员数万名，以及经销商和终端网点相关人员近百万人。

智能工厂管理平台提供包括内部来料检验、采购入库、催货通知、生产领料、在线质检、生产入库、生产监控、协同办公、渠道拜访、秩序管理、费用督查等服务，外部供应商订单确认、开票通知、往来对账、质量查询、通知公告、送货申请、扣款通知等服务，外部经销商和终端在线下单、往来对账、进销存管理、商品商城、通知公司、活动登记等服务。

7.5.5　未来透明化设想

洋河股份将进一步深耕未来透明工厂、透明商业，其中包括各生产节点和生产过程数据都完全透明。现在，透明工厂已经成为解决传统制造业信息化系统面临的"数据孤岛"、经营决策支撑不足、产品难以跟踪等问题，提高行业自动化和智能化水平的必然选择。接下来企业要实行"三步走"，最终走向生态级商业透明化。

第一步：产链级透明。

如果说个体级透明是基于"物"的数字化，那么产链级透明则是基于"事"的数字化，是基于价值创造的特定过程，面向用户等相关方展现的透明。透明工厂的产链级透明，由点成线，是透明个体相互关联而形成的全链条透明，包括进度节点、状态值、完成度及相关可能性等信息的透明化。

第二步：平台级透明。

从点到线再到面，透明化的关联体逐步扩大。相关性强的透明产链组合在一起，形成产业系统或领域系统的专业系统透明化，就是平台级透明。透明化平台之内，组成平台的各个主体、要素和各种关系相互透明化。在透明工厂内，单一产品制程的产链级透明，叠加其他产品线、员工排产及设备维护和能源管理等关联流程链的透明化，实现智能制造的平台级透明。统一基础级操作系统，即以云计算支撑的大数据运营平台，实现业务流与价值流的统一。

第三步：生态级透明。

生态是跨平台的，是巨型化的复杂自适应系统。生态系统中各领域、各主体、各要素的交互透明化，即生态级透明。在实现内部全系统透明化的基础上，再向外部供应链和协作链延伸，逐步实现多域多元的数据互联和在线协同，创建一个生态级的透明工厂。在工业互联网的建设场景中，主体厂商必然与产业生态伙伴建立资源和能力共享网络，将这种共享网络面向终端用户和终端员工，提供充分又合规的透明化，这是洋河股份透明工厂的使命愿景。

7.6　仙客来透明工厂创新实践

7.6.1　企业简介

江西仙客来生物科技有限公司（以下简称仙客来）的前身是始创于 1982 年的民营九江庐山真菌研究所，经过 41 年的发展，如今，仙客来已成长为专业从事灵芝及食药用菌研育产销于一体的农业产业化国家重点龙头企业和国家高新技术企业，是"中国灵芝十大品牌""国家星火计划龙头企业技术创新中心""国家食用菌加工技术研发分中心""国家林业重点龙头企业""国家工业旅游示范基地""全国'万企帮万村'精准扶贫行动先进民营企业"等，"仙客来"商标被国家工商总局认定为"中国驰名商标"。2023 年，仙客来灵芝入选杭州第 19 届亚运会官方指定产品。

仙客来拥有由 28 位院士、专家、教授组建的科研团队，率先打造了"全程可视　眼见为实　有机灵芝全产业链可视工厂"，建立了院士工作站、省技术中心、省食药用菌（灵芝）工程技术研究中心等科研平台，并与中国科学院微生物研究所、中国医学科学院、北京大学、法国巴黎第十一公立大学药学院等科研院所与高校建立了产学研合作平台；自主研发了仙客来牌有机灵芝系列和食（药）用菌系列 100 多种产品，拥有国家发明专利和国内领先科研成果等知识产权 270 余项，起草和参与国家行业标准制定 7 项，承担国家及省、市科研项目数十项，其中"灵芝等食（药）用菌工厂化栽培及其高值化产品创制"项目荣获中国食品工业协会科学技术奖特等奖，是目前灵芝行业中唯一获得的特等奖。

7.6.2　为什么选择透明化

我国的保健品市场兴起于 20 世纪 80 年代，改革开放后，人民的生活质量有了较大的转变，为我国保健品行业的发展提供了良好的契机。

早期的保健品市场非常混乱，产品质量良莠不齐、虚假广告遍地开花、保健品价格高昂、品种泛滥等成为行业突出的问题，导致消费者对保健品印象都是坑蒙拐骗，消费者对保健品的了解相当匮乏。

仙客来董事长潘新华研究员一直在深思如何将货真价实的产品展现给消费者和如何让产品升级。为此，他跑遍各地做市场调研，学习借鉴国内外一些优秀的做法。10 多年前来自上海、北京等地的客户到仙客来参观，想看灵芝和菌菇的种植，这也为潘新华董事长提供了思路，他秉承"全程可视 眼见为实"的理念，着手打造"有机灵芝全产业链可视工厂"，让游客通过参观工厂，了解灵芝全产业链，让"智"造更可信，让消费更透明。仙客来向社会各界敞开生产监督的大门，切实保障了消费者的权益，提升了产品市场竞争力。

灵芝在我国拥有 5000 多年的悠久历史。据现代科学研究，灵芝的活性成分有 730 多种，是唯一单药成方的品种，将灵芝发扬光大，向世界讲好灵芝故事，也是仙客来的责任和使命。中华人民共和国成立后，江西第一任省长邵式平，1956 年夏天在庐山即兴赋诗："庐山十八面，面面都有宝。一面没有宝，还有灵芝草。"仙客来创建灵芝透明工厂，有基础，也有传承。

仙客来工厂透明化，让数据透明，产品从种植、生产到精深加工的过程全部可视，不仅弘扬了灵芝等中医药的优秀文化，还致力于解决长期困扰行业的产品源头不可控、质量安全等问题。

7.6.3　怎样实施透明化

"仙客来有机灵芝全产业链可视工厂"主要由国际标准 GAP（Good Agricultural Practice，良好农业规范）庐山灵芝种植培育示范基地、庐山灵芝文化馆、国际标准 GMP（Good Manufacturing Practice，良好操作规范）生产车间、产品展示中心、检测中心等组成，集休闲体验、文化科普、观光旅游、产品销售、健康养生、研学教育等于一体，满足游客吃、住、行、游、购、娱、学等需求，年均接待游客 40 万人次。

种植源头透明。"药材好，药才好"，药材的源头是品种。仙客来倚靠庐山，董事长潘新华研究员曾在庐山东林寺采摘了一株野生灵芝菌种，通过驯化培育出"仙客来灵芝 1 号"，具有高品质、高颜值、高营养、抗"病"性强等特点，被江西种子管理局认定为灵芝新品种。在仙客来灵芝基地，种植采用"一木一芝""一年一地"，不使用农药化肥，山泉水灌溉，无污染。

文化服务透明。庐山灵芝文化馆以灵芝为主题，以文献资料、文字图片、场景还原及雕塑等形式为主，辅以现代声、光、电技术手段，展示了灵芝的历史、文学、艺术、医学等文化内容，详尽介绍了赤芝、紫芝、树舌、薄树灵芝、松杉灵芝等，记载了一桩桩美丽故事，收藏了一件件灵芝工艺品，重现了人类对灵芝的认识和探索过程，介绍了灵芝等中医药的科学研究、科研应用等，致力于传承和发扬灵芝等中医药文化，成为游客了解灵芝文化的重要打卡地。

生产过程透明。仙客来按照国际顶级净化标准设计、自建的 20000 ㎡的国际标准 GMP 生产车间，配备 139 台国际一流智能化生产设备，并接入赣溯源平台，设有参观通道，消费者可观看灵芝产品生产加工的全过程。

产品观赏透明。走进仙客来产品展示中心，琳琅满目的灵芝产品映入眼帘，这是灵芝科研成果的展示，游客可零距离地参观和接触产品，体验"江西老字号"产品品质，品味灵芝"土特产"，每款产品明码标价，价格透明。

检测透明。检测中心以仙客来院士工作站等科研平台为依托，拥有专业的技术团队，配备了高效液相色谱仪、生物显微镜、快速水分测定仪、浮游菌采样器等数十台先进检测设备，已形成工厂自检、出厂检测、第三方检测、相关部门检测的标准流程。

7.6.4　透明化取得的成效

节省成本，高效栽培。在种植培育方面，仙客来透明工厂做好灵芝筛选、种植、培育、精深加工、产品研发等环节，为菌农提供好服务；仙客来把菌包培育好，给农民自己种，并通过"食用及药用菌菌包生产至出菇及物流全程不倒筐"生产工艺技术，缩短灭菌时间 15%，减少冷却时间 50%，相比传统的 1 万株灵芝生产节省人工 71%。传统的灵芝种植一般为 270 天到 300 天，仙客来与中国科学院微生物研究所、中国医学科学院和中山大学等合作，通过智能化工厂设计了灵芝的智能化、数字化、透明化培育工程，通过反复实验对比确定了灵芝最佳的温度、水分、二氧化碳浓度、湿度、光照等生长环境因素，只需 60 天就可完成灵芝的栽培，并且活性成分要比传统种植高 1.5 倍到 2.7 倍，特别是灵芝多糖含量多了近 3 倍。

数智化工业，制造变"智造"。在生产加工方面，仙客来透明工厂充满高科技，国际标准 GMP 生产车间的高标准一体化多糖（发酵、提取、浓缩）、真空微波干燥、二氧化碳超临界萃取、沸腾干燥制粒、超低温（-40℃）破壁及自动瓶装、超微粉碎生产线等拥有 139 台先进生产设备，进行了数字化升级管理，并接入了赣溯源大数据平台，为企业生产和决策提供了强有力的数据支撑。仙客来灵芝等食（药）用菌精深加工达 97%，处于行业领先水平；并通过精深加工，提高产品的附加值。

游客倍增，赋能营销。在工业旅游方面，仙客来将灵芝文化、庐山文化、健康养生文化、企业文化深度融合，打造"文化 + 工业 + 旅游"模式，推出了"有机灵芝全产业链可视工厂 + 庐山 + 中华贤母园"的精品旅游线路，2019 年，接待游客 39.7 万人次。工业旅游营销收入逐年增加，得益于透明工厂让消费者全程可视，眼见为实。"有机灵芝全产业链可视工厂"实现"厂区变景区、工厂变市场、产品变商品"；工业和文化旅游、乡村生态旅游，既增加了人气，又宣传了品牌，同时带动了产品的销售。此外，仙客来还通过延长产业链开设特色灵芝菌菇宴。

赢得口碑，提升品牌知名度。作为行业的先行者，透明工厂使仙客来名扬海内外。2017 年，中国－东盟中心原秘书长杨秀萍率由东盟十国及我国中央媒体记者组成的"中国－东盟共建 21 世纪海上丝绸之路"联合采访团 56 人，莅临"有机灵芝全产业链可视工厂"考察采访，高度赞扬了仙客来一二三产融合的发展模式，认为仙客来以工业和文化旅游带动产业发展的模式值得推广，这次活动得到《澎湃新闻》《经济日报》《香港文汇报》《农民日报》、江西卫视等多家媒体及东盟十国记者团多次报道。

透明商业为仙客来赢得了好口碑，品牌影响力深远。仙客来牌产品成为"热门"，亮相江苏卫视《从长江的尽头回家》助力脱贫·九江好物直播专场、江西省委副书记吴忠琼参与的名优赣品直播间，入选中央电视台《国货好物》栏目等。仙客来多次作为行业代表受邀参加 G20 杭州峰会、博鳌亚洲论坛、达沃斯论坛等高端峰会，并成为杭州第 19 届亚运会官方供应商。透明工厂搭建了一座"信任桥梁"，仙客来成为消费者青睐的灵芝品牌，走出中国，走向世界。

7.6.5 未来透明化设想

2010 年至 2023 年，仙客来透明化"有机灵芝全产业链可视工厂"不断为仙客来的发展注入活力。仙客来正在按照国家 4A 级旅游景区年接待游客 100 万人次的标准，在庐山南门高标准地建设美芝莱健康产业园和江西庐山食用菌文化博览园，打造灵芝"未来工厂"，集灵芝和食用菌驯化培育、研究开发、文化科普、科技体验、收藏展示、文化创意、美食休闲、教育研学、健康养生、观光旅游等为一体，充分满足游客的多元化需求，实现农产业向健康、旅游、文化、教育产业的融合与升级，推动仙客来产业结构迈向高端化。

7.7 旭辉透明工厂创新实践

7.7.1 企业简介

旭辉集团股份有限公司（以下简称旭辉）2000 年成立于上海，其控股股东旭辉控股集团（HK.0884）于 2012 年在香港主板整体上市，是一家以房地产开发和物业运营管理为主营业务，致力于"成为受人信赖的城市综合运营服务商"的综合性大型企业集团。成立 20 多年来，秉承"用心构筑美好生活"的使命，旭辉始终追求为客户提供更美好的生活，积极参与城市发展与运营。集团旗下业务涵盖房地产开发、物业与城市服务、商业综合体、绿建科技、健康及养老等，房地产开发业务累计开发项目超 600 个，累计交付约 50 万套，服务超 67 万业主。

2021 年，旭辉总资产规模 4328 亿元，净资产 1074 亿元；2021 年实现全年营收 1078 亿元，位列 2022 年中国民营企业 500 强第 88 位、中国服务业民营企业 100 强第 29 位；2022 年，旭辉跻身福布斯全球企业 2000 强第 796 位，且连续 5 年上榜。此外，旭辉连续 10 年上榜《财富》中国 500 强，排名持续提升，2022 年荣登第 128 位。2023 年 1～6 月，旭辉 39 个城市的 68 个项目交付超 5.5 万套，交房交证约 3500 户。

旭辉 2019 年率先在行业中提出"打造房地产业透明工厂"的概念，这脱胎于旭辉从 2018 年就开始运用的"建造 2.0 体系"，以及之后升级的"旭辉透明建造体系"。在充分的技术支撑和沉淀的创新迭代下，旭辉基于"铝合金模板、爬架、井道电梯、全砼墙体、免薄抹灰"五大基础工艺，以及"景观先行、市政先行、地库先行"三大技术支撑，围绕五大透明及十二大场景体验打造透明工厂。如 2021 年全国各地项目观摩工地中，透明工厂占比约 80%，助力工程创优。基于集团营销数据分析，如 2021 年多数透明工厂的项目车位、商铺去化率高于均值，透明工厂助力非住宅去化和溢价。目前，旭辉已在全国 51 个城市落地了 106 个"透明工厂"。

7.7.2　为什么选择透明化

其一，旭辉坚持长期主义。旭辉集团自成立以来，一直以长跑者的稳健姿态前行，体现出"健稳持久、坚忍不拔、拼搏开拓"的特质。在玄奘精神的感召下，2014 年起，旭辉开启了"戈壁徒步远征"，去感受"理想、拼搏、坚持、超越"的真谛，旭辉人通过戈壁徒步去历练身心。正是在这种长期主义的驱动下，旭辉一直秉承"用心构筑美好生活"的使命，初心不改、始终如一，致力于推动社会进步，让城市生活更加美好，坚持为每一位客户打造舒适、绿色、健康的生活体验。

其二，房地产行业的黄金时代不复存在。目前，"房住不炒"将是长期的政策基调，房地产开发行业面临着新的发展形势。新变化、新生产方式转变、资源环境和生产要素的制约，以及用工荒问题等的出现，都呼吁传统建造体系进一步转型升级。实现项目开发建设的"提速、增质"，已经成为房地产项目开发建设新的发展主题，在严苛的市场竞争环境下，房地产行业越来越呈现出"回归制造业"的趋势。

其三，旭辉持续的内核修炼。这些年，旭辉一致在致力于建造体系的转型升级，不断探索新的建造方式、建造技术、建造理念的应用，逐步形成旭辉特色的"旭辉透明建造体系"。旭辉透明建造体系包含 3 个核心理念，即创新引领、绿色高效、开放透明。正是基于一个个高品质项目的落地，旭辉首次在房地产行业内提出建筑业"透明工厂"的理念，开始打造建筑业的"透明化"，并做到了项目的"常态化工地开放"。

旭辉透明工厂创立之初，旨在以标准体系管理非标行业，用透明展示工业之美，解决预售制带给客户的"预期与现实之间普遍存在差距"的困扰。这是旭辉精细化管理的需求，更是为了改善建筑工人的工作环境。通过这种可持续发展的绿色建造方式，旭辉实现了品牌特质与客户的共鸣。所有的旭辉透明工厂都保证项目建造全阶段、全流程对客户"透明"，通过十二大体验让客户亲临现场，了解和监督自家房屋建造的全过程，拉近客户同未来居所的距离，打造让客户更安心、更放心的好房子。

7.7.3　怎样实施透明化

透明化的进步，对于客户来说，不仅是"看得更多"，还是"看得更清楚"。作为透明工厂的重要参与者，工厂所有的互动环节均基于客户的敏感点与需求打造。

旭辉从 2018 年就开始运用的"建造 2.0 体系"，以及之后升级的"旭辉透明建造体系"，经过不断摸索、沉淀，逐步形成了系统的管理实施体系。其中较为典型的指引性文件，包括《旭辉建造 2.0 手册》《旭辉建造 2.0 施工逻辑模型（标准版）》《透明工厂管理手册》等。

从实施目的、适用范围、推广说明等维度进行顶层设计。按照制造业标准打造房地产业的"透明化"，做到房地产项目"透明工厂常态化开放"。通过 2019 年的项目试点示范，2020 年在 29 个城市实现旭辉 40 个透明工厂落地，有效助力营销业绩、旭辉口碑、客户满意度及质量的提升。后续相关工作将按照旭辉的总体部署持续全面推进。

集团层面总体牵头营销、品牌、客关（指客户关系）等相关条线，推进旭辉透明工厂体系的建立和完善，对透明工厂实施过程及结果进行监督。其具体负责的工作包括：集团透明工厂进展情况汇总、技术指导和培训，透明工厂策划、评审，透明工厂认定、授牌和透明工厂标杆的选定，营销、品牌、客关等维度意见的收集和反馈优化，开放后透明工厂营销、客关等数据的收集和分析。

区域及项目层面协同负责牵头项目营销、品牌、客关等，按照集团透明工厂标准落地实施；主要负责透明工厂相关细部的策划编制和建造实施；负责透明工厂相关创标创优申报资料的编制；负责收集项目营销、品牌、客关等部门的意见；负责项目透明工厂开放后营销、客关等数据的收集和分析。

旭辉透明工厂引入示范区"生长"概念，可根据项目实际销售情况、地域性要求等综合因素考量进行多阶展示。项目首次获得预售许可证后，向客户开放的透明工厂场景包含售楼部、示范区、销售样板等传统三大件和透明工厂部分场景，让客户了解透明工厂可生长路线图和规划场景，称为首开透明工厂。

项目在首次预售后，在首开透明工厂的基础上，用可生长的示范区理念逐步开放透明工厂实景，让客户对未来生活场景充满期许，称为过程开放透明工厂。

依照集团五大标准，十二大场景透明工厂标准要求，完成现场实体场景，做到施工和常态化开放路线分离，称为全过程开放透明工厂。

旭辉透明建造体系配置表包含必选工艺、优选工艺、推荐工艺，各事业部可根据自身实际情况合理选配，以达到经济效益最大化的目的。必选工艺：是透明建造体系必须使用的工艺，是透明建造体系成立的基础，要求全部使用，不能只选其中几项实施。优选工艺：在必选工艺的基础上，重点运用的工艺，用以保证项目运营效率。推荐工艺：在项目自身条件许可的情况下，可适度使用的工艺。选择必选工艺方可认定为透明建造体系项目，仅选择优选工艺、推荐工艺为新技术应用项目。

集团会要求项目根据标准文件《项目工程总体策划》，分别从运营管理、风险识别、合约规划、施工管理、计划管理、目标管理等维度进行深化思考。在项目成本控制的前提下，选择与产品适配的工艺，作为招标条件输入。

基于"标准透明、材料透明、过程透明、检验透明、服务透明"的原则，项目部会基于项目自身需求，与营销、成本、设计等多条线充分交圈。在项目工程管理策划阶段，前置结合示范区设计、营销展示、商业包装设计、项目开发计划和销售节奏，明确透明工厂介入条件、开放节奏、开放范围，梳理场平布置、道路转换等施工组织思路，并确定透明工厂前期出图、招标计划，详细落定每一步细节，只为更好的透明工厂展示，如图 7-8 所示。

透明工厂出图时间要求			
阶段	序号	图纸清单	出图时间
售楼处	1	基坑	拿地后60天
	2	主体	拿地后75天
	3	外幕	拿地后100天
	4	精装	拿地后100天
	5	样板间（如有）	拿地后100天
	6	通风	拿地后90天
	7	消防	拿地后90天
	8	空调	拿地后90天
	9	热力	拿地后90天
	10	门窗	拿地后85天
	11	栏杆	拿地后85天
	12	景观	拿地后105天
	13	电梯	拿地后60天
	14	强电	拿地后90天
	15	弱电	拿地后90天
	16	智能化系统	拿地后90天
	17	软装	拿地后100天

透明工厂出图时间要求			
阶段	序号	图纸清单	出图时间
大区（含首开区，后场示范区）	1	基础	拿地后100天
	2	主体	拿地后120天
	3	外幕	拿地后150天
	4	公区精装	拿地后125天
	5	样板间	拿地后100天
	6	通风	拿地后90天
	7	室内消防	拿地后90天
	8	空调	拿地后90天
	9	门窗	拿地后130天
	10	栏杆	拿地后130天
	11	景观	拿地后105天
	12	智能化系统	拿地后115天
	13	样板间软装	拿地后105天
	14	园区给排水	拿地后105天
	15	园区消防	拿地后105天
	16	园区热力	拿地后105天
	17	园区强电	拿地后105天
	18	地库划线、标识	拿地后120天

图 7-8

透明工厂分批次开放结束后两周内，由项目总牵头，客关、工程、营销、成本部门配合完成透明工厂当批次开放复盘汇报。全阶段透明工厂开放结束后一个月内，完成透明工厂全周期开放复盘报告。其中，客关负责客户满意度分析、客诉风险点梳理、应急预案回顾等模块，工程负责项目概况、建造体系、展示策划、场景回顾、落地执行过程、重难点解析等模块，营销负责活动当天策划、助力营销效果、品牌价值输出、季度数据收集等模块，成本负责成本投入分析等模块。

作为旭辉在南京的第一个透明工厂，句容宸悦赋的透明工厂自 2021 年 4 月开放以来就吸引了大批来访者，旭辉所展示的多种工艺令人心悦诚服，五大透明标准与十二大体验更是让来访者啧啧称奇，来访者对建造过程中的细节充满好奇。

句容宸悦赋在前期策划中，以客户为中心，对于客户所关心的"交房问题"，项目部从土建、土建移交装修、装修施工等阶段进行了透明化展示。句容宸悦赋充分结合营销带看动线，考虑施工组织，围绕现场平面空间布置、图纸出具、单位梳理、成本前控等进行一系列策划。

句容宸悦赋第一阶段展示了近 3200m² 景观和 550m² 地库，展示了 1 至 5 层外立面；第二阶段分别展示了土建（一结构、二结构）和装修等施工过程中的做法及控制要点；第三阶段展示大区外立面和景观，组织进行工地开放。

2021 年 4 月 10 日透明工厂开放后，4 月份来访人数为 804 人，认购 90 套，成交转化率提高至 11%，创历史新高。透明工厂视频已拍摄 5 条，平均阅读量超过了 5000。项目累计接待集团同事、内部项目工作人员、同行（金地、金茂、建发、中南、美的、禹洲、中梁、华宇、融信、新希望、远洋等）参观约 30 批次。

对于客户关注比较多的诸如防渗漏、防开裂等问题，工程师将专业的工程知识解释得通俗易懂，以肉眼可见的"工作坊"呈现（见图 7-9），让客户住得安心和舒心。旭辉透明工厂一经公开便受到社会各阶层人士的关注，客户、媒体、业内同行等更一致表达了对透明工厂的认可。不负众人期待，旭辉严苛的工艺标准与匠心品质经受住了众多来宾的检验。客户的认可是旭辉的动力，客户的满意是旭辉不变的追求。

图 7-9

句容宸悦赋透明工厂以全周期团队进行一线现场施工，对工程质量进行全面且严格的把控，展现项目建造全阶段、全流程的品质透明，帮助客户看清钢筋水泥下建筑的肌理脉络。句容宸悦赋各工程团队对建筑施工全流程层层把关，对真材实料进行层层筛选，让客户真切感受房屋建设中涉及的多道工序，清楚了解和监督自家房屋建造的全过程，以严苛的标准满足客户挑剔的目光。

在专业工程师的指导下，客户可在建造过程中尽情体验和检测，与自己的房子全方位"互动"（见图 7-10）。对于句容宸悦赋透明工厂而言，透明更像是一把具有约束力的标尺，时时刻刻衡量着自己在人居品质上的用心与真诚。旭辉在追求精致完美的道路上步履不停，匠筑美好，更是为了在交付时让客户满意，且入住三五年后更加满意。

图 7-10

细节彰显品质，透明可鉴匠心。从一纸恢宏蓝图到匠心打磨，再到施工建设，继而是历经无数日夜的工程施工和细节品控，每一个家的呈现，都是匠心积淀的成果。南京旭辉先后在板桥凤汇壹品、江宁上宸云际等落地高品质透明工厂；不仅在透明工厂，旭辉的透明品质将一直在线。透明是底气，更是沉甸甸的承诺；永远以客户为中心，是旭辉不变的初心与追求。

南京晴翠府旭辉透明工厂于 2023 年上半年开放。旭辉透明工厂为了让客户能"提前预见"未来的家，推出"三大先行"工艺——使"车库抢先行、园林优先享、管线预先铺"，不仅有提前兑现的"眼见为实"，更为园林生长、车库干燥预留充足的时间。南京晴翠府地下车库提前完工，顶部星空顶＋格栅设计，与艺术范的楼栋标识、柔和透亮的灯光相得益彰，时尚年轻的精致感迎面而来。

旭辉深知客户对精装房品质的普遍担忧，因此打造精装工法样板间，深入"剖解"精装墙面、地板、吊顶、天花板等背后的细节，接受客户从里至外的"X光"级扫描，使好品质更透明，让客户更安心。

以看似简单的墙布为例，其背后也藏着层层匠心——从基层清理到界面处理，再到多次腻子粉刷、打磨，最后到墙面灰尘清理、滚涂基膜、墙布施工，多道工序，力求严谨到位，保证墙纸的贴合度，减少墙纸起皮情况。很多客户和同行前来参观，复杂的工艺直观化，让客户买得放心。

每一个透明工厂，无不代表着旭辉的"标准透明、材料透明、检测透明、过程透明与服务透明"理念。

- 标准透明即工艺标准透明化，质量控制严要求，建筑质量有保障——通过不同的方式和方法让客户更加直观和简单地了解质量的标准到底是什么。

- 材料透明即材料来源可追溯，严格筛选有保障，绿色环保为健康——通过线上和线下各种数据主动展示和沟通的方式让客户了解自家选用的材料和产品是否符合标准、是否质量更优。

- 检测透明即质量好坏有检测，三方数据有监督，专业护航为放心——通过建造全周期、全过程的常态化工地，在建造过程的不同阶段对社会开放，全面展示项目的质量和进度，接受社会各界的监督。

- 过程透明即建筑进度可时刻知晓，建筑过程看得见，眼见为实最心安。

- 服务透明即悦心服务最贴心，如影随形伴左右，只为赢取你信赖。

7.7.4　透明化取得的成效

旭辉透明工厂主要对 4 类人员进行开放：一是对客户开放，让客户买得放心，住得安心；二是对同行开放，促进行业内的交流学习，推动技术发展；三是对政府开放，增强与政府之间的互信；四是对媒体开放，接受全社会的监督，为旭辉打造口碑。

旭辉透明工厂经过多年的探索、沉淀，不断得到提升，做到了语言客户化、互动趣味化、客户体验化。在不断开放透明工厂的过程中，旭辉取得了良好的成效。第一，提升了品牌影响力：打造了房地产行业的标杆，国内外多家媒体对旭辉进行了报道，点击阅读量超 100 万。第二，提升了社会 / 行业内影响力：旭辉得到了社会的认可，获得了良好声誉，客户评价旭辉为满意、可信任，业内评价旭辉专业、匠心。第三，助力营销：透明工厂的开放使客户的体验感增强了，也提升了其购买力。第四，助力经营：透明工厂的开放使得施工工期提效和结转利润、监管资金提前释放。第五，助力客户满意度提升：透明工厂常态化的开放赢得了准业主对项目品质的信任和赞许。

7.7.5　未来透明化设想

对于未来的透明化，旭辉坚持以客户为中心，以经营为导向，以 X 智造为支撑不断提升迭代。X 智造的核心便是工地工业化 + 智能建造（见图 7-11）；让专业语言客户化，互动体验趣味化。

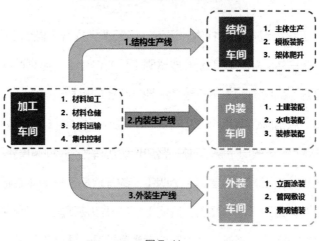

图 7-11

图 7-11（续）

为实现建筑工业化，旭辉将进一步夯实基础。组织架构方面：组建专家委员会，科学决策，全面推广。技术研发方面：由传统建造体系全面向智慧体系转变，运用大量创新技术。管理制度方面：建立工业化培训基地、日本留学基地、工程经理认证及联赛机制。数字化方面：全面推进班佑系统、BIM 系统应用于铝模、爬架、管线深化、建筑点位定位。

旭辉从集团层面推进智慧化建造技术，以旭辉绿色建筑体系为基础，实施智慧建造。旭辉智慧建造技术创新通过标准化设计、数字化生产、装配化施工、一体化装修、信息化管理、智能化应用，实现整个施工过程的数字化管控，提升建筑品质。

透明工厂对于旭辉而言，是一把具有约束力的标尺，时刻衡量着旭辉在建筑品质上的用心程度与真诚度，同时也丈量着旭辉在追求品质道路上的深耕与坚守程度，敦促着旭辉不断前进，打造出更好的产品，构筑更美好的生活。